Wolfgang Körner

Körners endgültige Geschichte der Deutschen

Wolfgang Körner

KÖRNERS ENDGÜLTIGE GESCHICHTE DER DEUTSCHEN

Von der Völkerwanderung
bis heute

ECON Verlag
Düsseldorf · Wien · New York · Moskau

Wir sind das Volk

Ein wiedervereinigtes Vorwort

»Ein Deutscher ist großer Dinge fähig,
aber es ist unwahrscheinlich, daß er sie tut.«
Friedrich Nietzsche

Jeder Skiläufer, der einmal einen auch nur halbwegs komplizierten Schmetterbruch erlitt, weiß, wie lange es dauert und wie schmerzhaft es ist, wenn zusammenwachsen soll, was nach Meinung selbst des gefürchtetsten Chirurgen der Sportklinik Traunstein (= Bayern; z. Zt. Deutschland) eindeutig zusammengehört.
Dabei haben es Ärzte noch vergleichsweise leicht.
Zwar bedürfen nach manchen Hüftgelenkoperationen die Patienten mit wiedervereinigten Gelenken für den Rest des Lebens zweier Krücken, aber im allgemeinen sind sich Ärzte und Patienten (sogar solche in den alten sowie neuen Bundesländern) darin einig, was ein gesunder Mensch ist und wie er beschaffen sein sollte, was zu ihm gehört und was nicht.
Obgleich die Gesundheit und Beschaffenheit einer Nation, die Frage, was zu ihr gehört und was nicht, keinesfalls weniger wichtig ist, haben damit gegenwärtig Angehörige der deutschen Nation (besonders solche in den alten sowie neuen Bundesländern) nicht selten erhebliche Schwierigkeiten. Diese Schwierigkeiten haben ihre Ursachen nicht zuletzt darin, daß den Deutschen nicht mehr bewußt ist, daß sie in grundlegenden kulturellen Merkmalen wie Sprache, Religion und Geschichte übereinstimmen. Einmal mehr müssen es die Regierenden

dem Volke (notfalls mit Gewalt) klarmachen. Dieses Buch will ihnen dabei helfen.
Zugegeben: Ein Ostfriese versteht einen Engländer, sprachlich gesehen, vielfach leichter als einen Oberbayern.
In Berlin verneigen sich inzwischen ebenso Deutsche beim Gebet gen Mekka wie in Saudi-Arabien. Aber diese selbstverständlichen Begleiterscheinungen einer offenen Gesellschaft sind nicht die Hauptursache unserer Zweifel am Deutschsein im allgemeinen sowie der inzwischen vielfach eher gedämpft erscheinenden Freude an der Wiedervereinigung Deutschlands im besonderen.
Schuld an dieser weitverbreiteten Verunsicherung, diesem Zweifel am unverwechselbar deutschen Wesen und an deutschen Werten, ist das unzureichende Wissen selbst sich für gebildet haltender Schichten über die wesentlichsten Entwicklungen, Ereignisse, über die *Höhepunkte* deutscher Geschichte.
Es ist deutsch, in so einem Falle zuerst nach den Schuldigen zu suchen. Sie sind, wie oft in solchen Fällen, am leichtesten in den Schulen zu finden.
Wo Geschichtsunterricht vermittelt, von wann bis wann der *Alte Fritz* regierte, anstatt die Ursachen seiner Zuneigung zu seinen *Langen Kerls* zu untersuchen, kann jeder geistig gesunde deutsche Schüler doch nur das Gehirn ab- und seinen Gameboy einschalten. Wer aber erfährt, wie freundschaftlich die *Nordis* mit den *Südis* über den *Limes* (= Zonengrenze der Römer) hinweg Handel trieben, sieht die *Berliner Mauer* mit völlig neuen Augen. Alle wirklich wichtigen Dinge des Lebens (= *Pommes mit Mayo, Big Macs, Levi's*) sind einfach, selbstverständlich und

vor allem *deutsch.* Es wird höchste Zeit, unsere Geschichte ähnlich einfach und selbstverständlich werden zu lassen.

Salzburg (z. Zt. Österreich), 15. März 1993

Nachtrag zum Vorwort

Bei der Arbeit an diesem Buch wurde festgestellt, daß vieles in der deutschen Geschichte langweilig ist. Wie unter *Historikern* (= für Feministen: *Her*-storikern) üblich, wurden solche Vorgänge und Personen zugunsten anderer vernachlässigt, die mitunter weniger bekannt sind, aber dafür interessanter.

Berlin (z. Zt. Deutschland), 15. Oktober 1993

TEIL I:

UNSERE RUHMREICHEN VOR-VOR-VORFAHREN IM ALTERTUM

1.
In grauer Vorzeit irgendwo in der Mitte Europas

»Kein Denkmal, keine Geschichte, ja selbst keine Sage reicht in die Ferne jener Urzeit.«
Prof. Dr. David Müller

Obgleich auch die Geschichte immer wieder je nach Bedarf umgeschrieben wird, in einigen ihrer Ansichten sind sich die Geschichtsschreiber einig. Jene germanischen Stämme, zu denen die Vorfahren vieler Deutscher ebenso gehört haben können wie jene vieler Engländer, Franzosen, Spanier, Russen, Skandinavier und Italiener, waren nicht von Anfang der Menschheit an in der Mitte Europas ansässig, sondern sie sind etwa zu Beginn der Bronzezeit dort eingewandert. Zwar waren einige Germanen schon etwa bei Christi Geburt imstande, mit Hilfe von *Runen* (= Altertumsgrafitti) Zeichen ihrer Anwesenheit zu hinterlassen, aber dennoch weiß man über die ursprüngliche Heimat dieser Germanenstämme ebensowenig wie über die Ursachen ihrer Wanderlust.
Wahrscheinlich liegt man nicht völlig schief, wenn man vermutet, daß irgendwo in Asien oder Skandinavien für eine *Sippe* (= Großfamilie der Germanen) nach der anderen die Nahrung zu knapp oder das Wetter zu schlecht wurde oder ihnen andere Völker zu nahe kamen. Sie erhofften sich wahrscheinlich (typisch für Germanen!) anderswo ein besseres Leben. Das dürften sie, abgesehen davon, daß es im 2. Jahrtausend vor Christi noch keine Autobahnen gab, im allgemeinen auch ohne große Probleme gefunden haben.

Die Gegenden, in die sie kamen, waren, wenn überhaupt, nur dünn besiedelt. Wo sich Germanen und *Kelten* (= indogermanische Völkergruppe) später begegneten, vermischten sie sich oder es kam zum Kampf, bei dem die Kelten so regelmäßig verloren wie Rot-Weiß Essen gegen Bayern München. Sie wurden von den Germanen und Römern immer mehr zurückgedrängt und überschichtet. Nur in der Bretagne, in Wales, Schottland und Irland konnten viele Zeugnisse ihrer *Kultur* (= Asterix und Obelix sowie Kreise in Kornfeldern) überleben bzw. werden von modernen *Druiden* (= Priestern der Kelten) bei Bedarf neu angefertigt.

Kurztext für Überflieger: Germanen sind eine Vielzahl von Stämmen und Völkerschaften, die der sogenannten indogermanischen Sprachfamilie angehören und die sich (etwa drei Wochen vor Beginn der Bronzezeit) in Nord- und Mitteleuropa ansiedelten. Dort lassen wir sie erst mal im Schweiße ihres (bei Männern bärtigen) Angesichts um den Lebensunterhalt ringen. Anderswo ist jetzt viel mehr los.

2.
Vom Stadtstaat Rom zum Römischen Reich

»Du Römer, wisse, dies ist dein Beruf:
Die Welt regiere, denn du bist ihr Herr.«
Publius Vergilus Maro Vergil

Auch wenn in Rom erfundene Fernsehshows wie *Tutti Frutti* (= alle Früchte) heute daran zweifeln lassen – es gab Zeiten, zu denen die Römer dem größten Teil der

damals bekannten Welt in vielerlei Hinsicht überlegen waren.
Zwar hatten die nach einer römischen Sage von *Mars* (= Kriegsgott bzw. Schoko-Riegel) höchstpersönlich gezeugten und von der *Vestalin* (= Tempelprostituierte) Rea Silvia geborenen und danach unverzüglich im *Tiber* (= damals Fluß, heute Kloake) versenkten Zwillingsbrüder Romulus und Remus nach Erreichen des Ufers gewiß anderes zu tun, als das Römische Weltreich zu gründen, aber es entstand dennoch.
Vieles spricht für die Annahme, daß die *Etrusker* (= für damalige Verhältnisse hoch entwickeltes Kulturvolk) zuerst die Herrschaft über die italischen Bauern am Tiber übernommen hatten. Sie vereinigten die Dörfer auf den sieben Hügeln Roms zu einer Stadt, bauten eine Burg und errichteten einen Marktplatz. Danach umgaben sie das Ganze mit einer Mauer – und wurden um etwa 500 v. Chr. von den Römern vertrieben. Die herrschenden Familien hatten sich darauf geeinigt, ihre Angelegenheiten selbst zu erledigen. Das besorgten sie mit noch heute beeindruckendem Erfolg, allerdings nach einer kleinen Panne.
Um 400 v. Chr. gelang es den Kelten, Rom zu erobern. Die Römer mußten den Siegern 1000 Pfund Gold zahlen, damit sie wieder abzogen. Die *Patrizier* (= Angehörige des Adels) verloren wie jeder intelligente Römer ungern Geld. Sie begriffen, daß es wesentlich besser ist, zu erobern, als erobert zu werden, und zogen die richtigen Schlüsse daraus.
Schon hundertfünfzig Jahre später hatten sie so viele Völker in der Nachbarschaft mit der römischen Republik vereinigt, daß sie Italien von der Südküste bis zur Po-Ebene beherrschten und sich *Sizilien* (= Mafia-Insel) als

Provinz (= Untertanengebiet) unter den Nagel gerissen hatten. Zugegeben, die Punischen Kriege gegen *Karthago* (= heute wiedervereinigt mit Tunesien) verloren die Römer um ein Haar, weil der Karthager-Feldherr Hannibal Elefanten als Schlachtrösser einsetzte, was unter Militärs als unfair gilt. Letztlich besiegten die Römer aber dann auch Karthago, forderten die sofortige Herausgabe sämtlicher Elefanten und ließen danach in Karthago keinen Stein auf dem anderen. Rom dehnte seine Macht immer weiter aus.

Um 100 n. Chr. gehörten Portugal, Spanien, Nordafrika, Ägypten, ganz Kleinasien, Griechenland, das heutige Frankreich, Teile Britanniens und Germaniens (in etwa: Gebiete an Rhein und Main sowie Baden, Schwaben und Bayern) zum Römischen Reich.

Überall dort galt römisches Recht, wurden römische Götter verehrt, wurde mit römischem Geld bezahlt.

In diesem riesigen Römischen Reich lebten 60 Millionen Menschen. Etwa so viele wie in der Bundesrepublik Deutschland vor deren (derzeit letzten) Vereinigung. Höchst beachtlich muß aus heutiger Sicht erscheinen, daß sich jeder gebildete Bewohner dieses Weltreiches mit jedem anderen mühelos verständigen konnte. Jedenfalls, soweit das mit *Latein und Griechisch* (= Hauptsprachen des Römischen Reiches, heute Sonderform der Folter für Gymnasiasten) überhaupt möglich ist.

Kurztext für Überflieger: In rund sechshundert Jahren schafften es die Römer, mit manchmal friedlichen, meist aber kriegerischen Mitteln ein Reich zusammenzufügen, dessen Flächengröße die der gegenwärtigen EU-Mitgliedsstaaten noch übertraf.

3.
Die Ursachen des Erfolgs der alten Römer

»Dreimal habe ich Gladiatorenspiele veranstaltet.«
Kaiser Augustus

Die mißlungenen Versuche Frankreichs (unter Napoleon) und Deutschlands (unter Hitler) sowie Rußlands (unter Stalin), ähnlich große Weltreiche zu schaffen, beweisen, daß dies nicht einfach ist. Dabei erweist es sich nicht nur als schwierig, über sehr viele Menschen Herrschaft zu erringen, sondern als noch schwieriger, diese dann über längere Zeit aufrechtzuerhalten. Den Römern gelang beides auf eine danach, trotz des respektablen *Britischen Empire* (= Großbritannien plus Kolonien), bisher nicht mehr auch nur annähernd erreichte nahezu perfekte Weise. Wie jede *Katastrophe* (= Zwangsherrschaft ist immer eine!) hat auch der Erfolg der Römer mehrere Ursachen.

Das milde Klima sorgte ebenso für die – zumindest in den *Villen* (= Bungalows der Patrizier) – im Überfluß vorhandene Nahrung wie das Mittelmeer, dessen Fische damals noch nicht giftig bzw. ausgestorben waren.

Von den Griechen und Etruskern hatten die Römer gelernt, wie man menschliche Gemeinschaften auf eine für die Oberschicht zweckmäßige Weise organisiert und schlagkräftige Armeen aufbaut, die die Nachbarländer das Fürchten lehren. Diese erfolgsfördernden Fähigkeiten rundeten sie durch eine selbst für die Antike beeindruckende Perfektion der Sklaverei ab. Spätestens ab 400 v. Chr. brachten die Römer von ihren Feldzügen derart viele Menschen als Kriegsbeute mit nach Hause, daß deren Anteil an der Bevölkerung auf 50 bis 75 Prozent geschätzt wird. Ordentlich, wie die Römer nun einmal waren, hatten sie auch die Rechtsstellung der Sklaven genau im Gesetz geregelt: Sklaven gehörten zu den Sachen. Sie wurden auf Märkten gehandelt, wobei ihr Preis von Kraft und Schönheit, Alter und Ausbildung abhing. Eine sehr schöne junge Frau war schon damals (sehr zu Recht!) meist teurer als ein Arzt, obwohl von einer richtigen Ärzteschwemme noch keine Rede sein konnte.

Diese Sklaven erledigten nahezu sämtliche Arbeit. Sowohl in den Städten als auch auf den *Latifundien* (= Großranchen der Römer; Olivenöl statt Erdöl) lief ohne sie nichts.

Die *Plebejer* (= lat. Plebs; das Volk ohne Adel) wurden sehr zornig, wenn sie arbeiten sollten. Sie fühlten sich genaugenommen nur für die Tätigkeiten des Soldaten zuständig. Nur wer das römische Bürgerrecht besaß, durfte *Legionär* (= Berufssoldat; 20 Jahre Dienstzeit) werden. Wer kein Römer war, konnte sein Schwert nur als Angehöriger der Hilfstruppen am Schild des Gegners verbiegen.

Klar, daß unter diesen Umständen die *Patrizier* (= römische Oberschicht) durch lästigen *alltäglichen Kleinkram* (= Kauf einer neuen Toga oder eines Ersatzsklaven) kaum belastet waren. Sie konnten ihre ganze Energie auf die wirklich wichtigen Angelegenheiten konzentrieren: auf die Vergrößerung ihres Besitzes und ihrer Macht. Beide waren mit Besitz und Macht des Staates untrennbar verknüpft.

Auch wenn in Büchern über das antike Rom regelmäßig schöne Diagramme den Eindruck erwecken, daß die römische *Republik* (= Staat ohne König) mit Volksversammlung, Senat und *Konsuln* (= höchste Beamte; unter Caligula auch ein Pferd) zumindest zeitweilig so etwas Ähnliches wie eine Demokratie im Sinne von Volksherrschaft gewesen sei, ist dieser Eindruck falsch.

Kurztext für Überflieger: Das römische Weltreich ist das Ergebnis der höchst geschickten Verbindung von a) konsequentester Ausbeutung von Sklaven, b) hochentwikkelter Bündnis-, Rechts- und Verwaltungssysteme sowie c) eines schlagkräftigen Heeres mit d) zielstrebiger Eroberungspolitik.

4.
Römische Zivilisation für Fortgeschrittene

»Um Kleinigkeiten kümmert sich der Prätor nicht.«
Sophista Callistratus

Gewiß, man kann darüber streiten, ob es als Beweis für Zivilisation gelten kann, daß die Römer jedesmal Tausende von Sklaven längs der *Via Appia* (= 5th Avenue im alten Rom) ans Kreuz nageln ließen, wenn sie mal wieder einen Sklavenaufstand niedergeschlagen hatten. Ein Beweis für Größe ist so was aber für Historiker allemal. Und in Rom war um die Jahrtausendwende vieles groß.

In drei Häfen wurden riesige Mengen an Waren und Lebensmitteln für die Millionenstadt umgeladen. In 19 Wasserleitungen, die teilweise noch heute benutzt werden, wurde Wasser aus bis zu 100 Kilometer entfernten Quellen in die Stadt geleitet. Es gab mehrere hundert öffentliche Badeanstalten, Sportstadien, Bibliotheken und Museen. Die Zahl der *Sozialhilfeempfänger in Rom* (= 200 000 Proletarier bei 1 Mio. Einwohnern!) erscheint uns heute ebenso modern und zukunftsweisend wie die Verkehrsberuhigungsmaßnahmen. Tagsüber blieben die Straßen der Innenstadt für sämtliche *Fahrzeuge* (= von Tieren bzw. Sklaven gezogene Wagen) gesperrt. Zwar feierten nur sehr reiche Kaufleute und Großgrundbesitzer ihre *Orgien* (= alle Feste der Römer) abwechselnd in ihrem Marmorpalast in der Stadt und ihrer Villa am Meer, aber das kleine enge Zimmer für sich und seine Familie fand selbst ein Prolet mit sechs Kindern im alten Rom leichter als heute in Frankfurt.

Sogar lesen und schreiben konnten gewöhnlich jene Römer mit Bürgerrecht, die in den Städten des Reiches lebten. Was die Religion betrifft, waren die meisten Herrscher im Grunde tolerant. Sie waren viel zu sehr mit ihren *Machtkämpfen* (= Frage, wer wen schneller vergiftete) und ihren Feldzügen beschäftigt.

Verschiedene Götter waren für verschiedene Angelegenheiten zuständig. Sie durften in zahlreichen Tempeln verehrt werden und waren etwa so bestechlich wie heute Politiker: Wenn ein Römer einem Gott ein Opfer darbrachte, erwartete er eine Gegenleistung.

Im 1. Jahrhundert n. Chr. begann sich im Römischen Reich eine neue Religion auszubreiten. Zuerst hielt sich der römische *Prokurator* (= Gouverneur) der Provinz Judäa aus den religiösen Streitereien der Judäer so gut wie möglich heraus.

Erst als sich die dort bisher zuständigen eingeborenen Priester immer häufiger über einen gewissen Jesus Christus beschwerten, kümmerte er sich widerwillig darum.

Er folgte lediglich einmal mehr seinem *Waschzwang* (= Pilatus-Syndrom), zeichnete Christi Todesurteil ab und hielt dieses Problem der Judäer nach der Kreuzigung Christi für erledigt. Schon wenig später mußte Kaiser Augustus verärgert registrieren, daß sein Prokurator die Situation falsch eingeschätzt hatte. Nach der Hinrichtung Christi erklärten dessen Anhänger überzeugend, ihm sei es gelungen, den Tod zu überleben. Das wurde damals noch für ein Wunder gehalten und verschaffte der neuen Religion noch mehr Anhänger. Einer von ihnen, der *Apostel Paulus* (= Jude mit guten Griechischkenntnissen und römischem Bürgerrecht), führte für die neue Religion eine Art Werbekampagne durch. Er reiste durchs Römische Reich, hielt überall Vorträge und schrieb nahezu ständig Briefe. Auf diese bekam er zwar nur selten eine Antwort, aber das Christentum verbreitete sich dennoch immer mehr.

So tolerant die römischen Herrscher in religiösen Angelegenheiten zuvor meist gewesen waren – was in den Gemeinden der frühen Christen gepredigt wurde, gefiel ihnen nicht.

Nahezu alles am Christentum erschien ihnen staatsgefährdend. Am meisten wohl die Tatsache, daß die Christen auch Sklaven für Menschen hielten, anstatt (wie jeder gebildete Römer) für Sachen. Diese Sklaverei war schließlich die wirtschaftliche Basis des Römischen Reiches.

Kein Wunder, daß die römischen Kaiser immer nervöser wurden, obwohl auch die Christen ihre Steuern pünktlich bezahlten und die römischen Gesetze befolgten. Als dann auch noch in Rom immer regelmäßiger Bürgerkriege ausbrachen und die Macht auch an den

Grenzen des Weltreiches zu zerbröseln begann, drehte das römische *Establishment* (= Oberschicht; beim Bier Abschaum) völlig durch und versuchte dreihundert Jahre, das Christentum mit Gewalt wieder aus der Welt zu schaffen. Wenn zuvor meist nur Sklaven ans Kreuz genagelt bzw. bei *Gladiatorenkämpfen* (= Boxen und Fußball der Römer) in Arenen an Raubtiere verfüttert wurden, benutzte man nunmehr auch Christen für solche Zwecke. Doch selbst als man sie mit Pech getränkte Hemden anziehen ließ und als Fackeln für die Straßenbeleuchtung benutzte, stoppte das die Ausbreitung des Christentums nicht.

313 n. Chr. verfügte Kaiser Konstantin genervt die Religionsfreiheit auch für Christen. Er befreite ihre Bischöfe und Priester von allen Steuern, und auch getaufte römische Bürger bekamen wieder Ämter im Staatsdienst und beim Militär.

Weltliche und geistliche Macht verbündeten sich. In manchen Gegenden kassieren die Finanzämter des Staates noch heute die Steuern für christliche Kirchen.

Kurztext für Überflieger: Abgesehen von der mit zu brutalen Methoden praktizierten Sklaverei und dem Mangel an Ergebnissen fortgeschrittenerer *Technik* (= Autos, Spülmaschinen, Vibratoren), war das Römische Reich in den Städten schon vor der *Geburt Christi* (= Null v. bzw. n. Chr.; unmögliche Jahreszahl) so zivilisiert, daß die meisten von uns dort ganz gut zurechtkämen, wenn sie infolge einer Zeitreise plötzlich dort landeten.

5.
Die Wahrheit über die germanischen Stämme

»Die Germanen lieben nicht einmal geschlossene Siedlungen. Städte kennen sie nicht.«
Publius Cornelius Tacitus

Zugegeben, es ist kein Beweis für Taktgefühl, daß der Autor die germanischen Stämme jetzt zwei Jahrtausende lang einfach *links* (= nördlich der Alpen) liegengelassen hat, aber es ist ohne Zweifel deutsch.
Abgesehen davon, daß Wotans Hammer keine Pinzette ist und für kräftige Donnerschläge besser geeignet als für Feinarbeit – zu Recht hält die ganze Welt *Ordnung* (= Angst vor dem Chaos) für eine besonders deutsche Eigenschaft, und auch in dieser Hinsicht erscheint endlich eine Korrektur weit verbreiteter Vorurteile angebracht.
Entweder sind die Germanen nicht die Vorfahren der Deutschen, oder aber wir Deutschen sind nicht besonders ordentlich, denn von einem zumindest auch nur halbwegs geordneten Staat kann bei den Germanen keine Rede sein.
Wo ihnen die Füße gerade weh taten oder wo ihnen das Land halbwegs fruchtbar erschien, hatten sich germanische Stämme niedergelassen. Einfach und bescheiden lebten die Familien der Friesen und Sachsen, Brukten und Ubier, Kimbern und Teutonen usw. in ihren Blockhäusern aus Baumstämmen sowie ohne Fenster.
Verwandte Familien hielten zusammen und bildeten eine *Sippe* (= große Großfamilie). Zwar vereinigten sich Sippen aus der näheren Nachbarschaft bei *Bedarf* (= Krieg)

zu Stämmen und die Stämme zu Völkerschaften, aber dabei gingen die Germanen höchst umsichtig vor. Die Stämme im Westen wählten ihren *Herzog* (= wer vor dem Heer herzog) nur im Kriegsfall, danach wurde er wieder ein ganz gewöhnlicher *Freier* (= Germane, der ein eigenes Gehöft besaß).

Bei Vollmond trafen sich alle Freien eines oder mehrerer Dörfer zum *Thing* (= Bundestagsdebatte), bei der wichtige Angelegenheiten diskutiert und Gericht gehalten wurde.

Tempel, wie sie die Griechen und Römer längst hatten, bauten die Germanen nicht. An Holz bestand in den riesigen Wäldern zwar kein Mangel, aber im Hinblick auf ihre *einfachen Werkzeuge* (= Axt aus sehr teurem Eisen statt Motorsäge) hatten sie schon Mühe, die Bäume für ihre Blockhäuser zu fällen. Sie verehrten ihre Götter unter freiem Himmel. Wotan, ihr höchster Gott, dem das vorliegende Werk hiermit gewidmet wird, hatte wie alle anständigen Germanen eine Frau. Sie war für Haus und Herd zuständig. Auch dafür, daß der Rauch durch die dafür vorgesehene Luke abzog. Thor hatte nicht nur auch einen Hammer, sondern sogar einen Wagen, auf dem er von Ziegenböcken gezogen durch die Lüfte rasen und für jede Menge Gewitter sorgen konnte.

Besonders streitlustig oder gar kriegslüstern, wie ihnen immer wieder von Kelten und Römern unterstellt wurde, waren die Germanen keinesfalls. Ganz im Gegenteil! Wenn sie regelmäßig auf Beutezüge gingen, dann nur, um dem Nachwuchs klarzumachen, daß das Leben kein Honiglecken ist. Vielleicht wollten sie bei einem kleinen Beutezug manchmal auch nur ein paar Angehörige anderer Stämme totschlagen, um wenigstens etwas Abwechslung in ihr langweiliges Bauernleben mit ausgesprochen schlechter Verpflegung zu bringen. Die ersten Kartoffeln wurden erst zweitausend Jahre später nach Europa gebracht.

Kurztext für Überflieger: Die Germanen waren Bauern einfachen Gemüts, die zufrieden waren, wenn sie dem unendlich erscheinenden Urwald und den Sümpfen ein Stück Acker für ihren *Gersten- bzw. Haferbrei* (= Muesli ohne Obst!) abringen konnten.

6.
Die lange Wanderung der Kimbern und Teutonen

»Über sein Können hinaus ist niemand etwas zu leisten verpflichtet.«
Iuventius Celsus

Im Grunde ihrer Seele friedlich, wenngleich einem kleinen Beutezug niemals abgeneigt, wie Germanen nun einmal waren, bedurfte es besonderer Anlässe, daß die *Kimbern und Teutonen* (= germanische Dauerwanderer) ihre Siedlungsgebiete in *Nordjütland* (= heute mit Dänemark vereinigt) verließen.
Tacitus (= sehr guter Psychologe; daher Pessimist!) behauptet zwar, die See sei über das Ufer getreten und die Germanen hätten sie vergeblich mit Schild und Schwert zurückzuwerfen versucht, aber das erscheint unglaubwürdig.

Eher dürften es ständige Sturmfluten und ihre ausgelaugten Äcker gewesen sein, die Ende des 2. Jh. v. Chr. die beiden Völkerstämme zum Aufbruch zwangen. Für damalige Zeiten riesige Menschenmassen – allein die Zahl der Kimbern wird auf mindestens 150 000 geschätzt – setzten sich vom Hunger getrieben in Marsch. Frauen und Kinder auf Ochsenwagen. Bauern, ihre Tiere vor sich hertreibend, unendlich erscheinende Trecks zogen nach Süden, und dabei mußten sie zwangsläufig den Römern begegnen. Für die waren alle Nichtrömer (außer den Griechen) *Barbaren* (= Nachbarn mit unverständlicher Sprache und fremden Sitten). Es kann nicht überraschen, wie sie sich verhielten: Sie riefen auf lateinisch immer lauter »Ausländer raus«, je näher die hungernden Fremden ihren Grenzen kamen.
Als sie der ersten Germanen ansichtig wurden, fürchteten sich die Römer noch mehr. Im Gegensatz zu den *kleinen Römern* (= Durchschnittsgröße der Männer 1,50 Meter) waren die Germanen nicht nur mindestens 20 cm länger, sondern sie trugen Tierschädel auf dem Kopf. Sie waren so arm, daß sie sich nicht mal einen vernünftigen Helm, einen Brustpanzer und ein gutes Schwert leisten konnten. Wer später so was besaß, hatte es immer einem römischen Legionär abgenommen, den er erschlagen oder aufgespießt hatte. Das gelang den Kimbern und Teutonen anfangs häufig. Immer wieder baten sie höflich, wie es Germanen nun einmal sind, um Land und Saatgut. Wenn ihnen das verweigert wurde, kam es zum Kampf, bei dem die Germanen die ersten Schlachten gewannen.
Als sich die Römer aber an ihren Anblick gewöhnt hatten, setzten sich ihre kriegserfahrenen Legionen immer

mehr gegen die großen Blonden mit den großen Füßen durch. Eine Weile hielten die *kultivierten* (= höchst cleveren) Römer die Germanen hin bzw. führten sie in die Irre, aber um 100 v. Chr. hatten sie ihr Asylantenproblem gelöst; glaubten sie jedenfalls. Selbst daß sich die gefürchteten Frauen der Kimbern und Teutonen auf die Legionäre stürzten, konnte an der Niederlage der Germanen nichts ändern. Wer nicht den Tod fand, dessen Weg führte in die Sklaverei.

Kurztext für Überflieger: Der erste Nord-Süd-Konflikt der Geschichte endete mit dem Sieg des reichen Südens über die armen Eindringlinge aus dem Norden. Eine zwanzig Jahre lange Suche nach *mehr Lebensqualität* (= Steinhäuser, Südfrüchte und Wein) führte in den Untergang.

7.
Die germanischen Provinzen des Römischen Reichs

> *»Ringe, Deutscher, nach römischer Kraft, nach griechischer Schönheit.«*
> Friedrich von Schiller

Ungeachtet der Vernichtung zweier germanischer Völkerschaften vergrößerten die germanischen Stämme ihr Siedlungsgebiet in westlicher und südlicher Richtung. Die Kelten wichen ihnen aus oder vermischten sich mit ihnen. Obwohl die damaligen *Medien* (= reitende sowie zu Fuß gehende Boten) Nachrichten nur sehr langsam verbreiteten, wurde die (bis heute ungebrochene) Sehnsucht der Völkerstämme Nordeuropas nach einer Gegend mit eindeutig besserem Wetter den Römern immer unheimlicher.

Was da langsam, aber unerbittlich den Alpen immer näher kam, wollte schließlich nicht nur 14 Tage oder drei Wochen an der Adria oder am Mittelmeer Urlaub machen, sondern für immer bleiben. Und das nicht mal als *Sklave* (= unfreiwilliger Gastarbeiter), sondern mit möglichst viel Freiheit.

Ähnlich wie heute im Deutschen Bundestag angesichts der Wanderungsbewegungen in entgegengesetzter Richtung prallten im römischen Senat die Meinungen aufeinander. Jene, die dafür waren, die Fremden nicht hereinzulassen und das eigene Reich statt dessen nach Norden auszudehnen, setzten sich durch.

Etwa im Jahre 50 v. Chr. hatten die Römer das keltische Gallien mit ihrem Reich vereinigt, wenig später auch die *Alpen* (= Himalaya Europas) und das Alpenvorland.

Unter ihrem Kaiser Augustus vereinigten sich die Römer auch mit germanischen Stämmen zwischen Rhein und Elbe und richteten dort Provinzverwaltungen ein.

Auch wenn von einem Reich der Germanen oder gar von Deutschland um diese Zeit noch nicht auch nur andeutungsweise die Rede sein kann – als Christus in Judäa geboren wurde, konnte eindeutig zwischen zwei Sorten von Germanen unterschieden werden.

1. Es gab Germanen in von Römern besetzten Gebieten, die in diesem Buch der Einfachheit halber *Südis* genannt werden.

2. Es gab freie Germanen, die man als *Nordis* bezeichnen kann. Bei den Nordis blieb im großen und ganzen alles so, wie es im 5. Kapitel beschrieben wurde. Die Südis

lernten dagegen den *römischen Lifestyle* (= Städte, Badeanstalten, Apfelsinen und jede Menge Wein) kennen und immer mehr zu schätzen.

Kurztext für Überflieger: Zur Zeit der größten Ausdehnung des römischen Weltreiches lebten auch germanische Völkerstämme unter römischer Herrschaft. *Warnung:* Es muß dringend davon abgeraten werden, in Geschichtsarbeiten der Schule die Begriffe *Südis* und *Nordis* zu gebrauchen.

8.
Die Südis und die Nordis zur Römerzeit

> *»Niemand im westlichen Germanien konnte je zum Ostrand vordringen, obwohl manche 60 Tage lang immer geradeaus gegangen sind.«*
> Julius Cäsar

Ähnlich wie später die Ossis und Wessis entwickelten sich auch die Nordis und Südis unterschiedlich.
Die Nordis lebten nach wie vor ihr schlichtes Bauernleben in den Dörfern. Sie hatten zwar zuvor wichtige *kulturelle Entwicklungen des Altertums* (Pflug und Eisen) begeistert übernommen oder sogar *selbst erfunden* (= Seife und Minirock), aber die *Kultur der Römer* (= Städte, Tempel, Straßenbau) lehnten sie mit Entschiedenheit ab.
Die Südis bewunderten die Errungenschaften der römischen Zivilisation nicht nur, sondern sie übernahmen davon begeistert soviel, wie sie nur bekommen konnten. Schon 40 v. Chr. begannen Südis nach römischen Plänen unter Leitung römischer Städteplaner den Bau der

»Colonia Agrippina« (= heute Köln). Passau, Mainz, Trier, Bonn und Augsburg sind nicht viel jünger. Sämtliche *wirklich alten* (= mindestens 1500 Jahre) alten Städte auf z. Zt. deutschem Boden sind das Ergebnis römischer Entwicklungshilfe. Auch *Baden-Baden* (= Kurort mit Fernsehsender) verdanken wir der Weltoffenheit der Südis.

Gewiß gab es zwischen Nordis und Südis häufig Meinungsverschiedenheiten über den Verlauf der Grenze zwischen den beiden Kulturzonen, doch im großen ganzen akzeptierten lange Zeit beide Seiten Rhein und Donau als Zonengrenze.

Über diese Grenze trieben die Nordis mit den Südis Handel, der nur darunter litt, daß die Nordis außer *Bernstein* (= vertrocknetes Harz), Butter, Käse und Seife sowie langen *blonden Haaren* (= für Perücken der Römer) nicht viel anzubieten hatten. Sie trieben auch untereinander noch Tauschhandel, während bei den Südis längst die *Denare und Sesterzen* (= Römer-Dollar) die Leitwährung waren.

Das erleichterte die Einbindung der Südis ins römische Verteidigungsbündnis ebenso wie ihre Steuerzahlungen an den römischen Kaiser. Besonders die Reichen unter den Südis sahen ein, daß Straßenbau und Legionen nun einmal Geld kosteten. Manche Fürsten der Südi-Stämme wußten sehr gut über das Leben in Rom Bescheid. Sie waren dort fast so oft auf Staatsbesuch wie später der Wessi Adenauer in Washington oder der Ossi Honecker in Moskau.

Kurztext für Überflieger: Während die Stämme und Völkerschaften der Germanen westlich des Rheins gegenüber der Kultur der Römer keine Vorurteile hatten und sie übernahmen, blieben die Germanen östlich des Rheins ausländerfeindlich.

9.
Die sogenannte »Schlacht am Teutoburger Wald«

»Wir müssen Abgaben auf alles Eigentum legen, das irgendwie Gewinn für seinen Besitzer abwirft.«
Cassius Dio

Im Prinzip dürften die Südis mit ihrer Zugehörigkeit zum Römischen Reich zufrieden gewesen sein. Julius Cäsar mochte die unendlichen Urwälder Germaniens nicht. Er war dagegen, das Römische Reich über den Rhein hinweg auszudehnen. Nach seiner Ansicht war es schon Arbeit genug, die Südis an die römische Auffassung von Zivilisation zu gewöhnen. Wenigstens das gelang immer besser. Die Südis bauten immer bessere Straßen. Ihre Städte wurden allmählich so akzeptabel, daß manche echt römische Legionäre regelmäßig Heimweh nach Mainz bekamen, wenn sie nach Rom marschiert waren, um dort einen wichtigen Gladiatorenkampf nicht zu verpassen.
Viele Südis kämpften bei den Feldzügen der Römer auf deren Seite. Manche, wie z. B. ein Cherusker mit dem Vornamen *Arminius* (= dt. Hermann) waren dabei so erfolgreich, daß ihnen das römische Bürgerrecht verliehen wurde. Dies alles hätte noch viel länger so bleiben können, wenn nicht das Zusammentreffen mehrerer un-

glücklicher Ereignisse mal wieder zu einer Katastrophe geführt hätte.
Im Römischen Reich fand ein *Regierungswechsel* (= Beseitigung von Herrschern, damals meist mit Hilfe von Gift oder Dolch) statt. Cäsars Nachfolger Augustus besetzte, wie noch heute allgemein nach Dienstantritt eines neuen Staatschefs üblich, alle wichtigen Ämter mit seinen Gefolgsleuten. *Quinctilius Varus* (= Römer mit schwierig auszusprechendem Vornamen) bekam den zweifellos ehrenvollen Auftrag, die Gebiete zwischen Rhein und Elbe zu richtigen römischen Provinzen auszubauen. Gleichzeitig erforderte die Vereinigung von immer mehr Ländern mit dem Römischen Reich immer mehr Geld. Auch die Südis mußten selbstverständlich ihren *Solidarbeitrag* (= freiwilliger Zwang) dazu leisten.
Gleichzeitig wurden die Nordis immer neidischer auf die Südis. Immer wieder überfielen Nordis Südis, um Beute zu machen. Manchmal gingen sie dabei soweit, sogar römische Legionäre zu kreuzigen.
Arminius nutzte die Wut der Südis über die immer höher werdenden Steuern (sogar eine Straßenbenutzungsvignette mußte jeder Ochsenkarren tragen) zum Aufstand. Er überredete Angehörige germanischer Sippen und Stämme, entgegen ihrer Gewohnheit einmal gemeinsam zu handeln.
Dann zettelte er kleine Aufstände an, lockte damit drei von Varus angeführte *Elitelegionen der Römer* (= etwa 25 001 Männer, Frauen und Kinder) zu einer Strafaktion in die Wälder und Sümpfe der Nordis. Dort – vermutlich in der Gegend des heutigen Osnabrück – überfielen und vernichteten germanische Bauern römische Berufssolda-

ten, die ihnen technisch etwa so überlegen waren wie ca. 2000 Jahre später UNO-Truppen den Milizen der Somali.

»Varus, Varus«, soll Kaiser Augustus im Jahre 9 nach der Geburt Christi, der inzwischen im Religionsunterricht der Juden saß, gejammert haben, »gib mir meine Legionen wieder.« Das konnte sein Statthalter und Feldherr allerdings schon deshalb nicht, weil er sich aus Scham über die ihm von germanischen *Analphabeten* (= Schreib- und Lesedienstverweigerer) zugefügte Schmach umgebracht hatte. Als dann sechzig Jahre später auch noch die *Bataver* (= Nordis) gemeinsam mit *Nerviern* (= Südis) einen weiteren Aufstand riskierten, mußten Legionen aus anderen Provinzen helfen, die Ordnung wiederherzustellen.

Die Römer konnten versuchen, was immer sie wollten, rechts des Rheins konnten sie sich selten länger halten, und über die Weser kamen sie nie hinüber.

Kurztext für Überflieger: Als die Römer in ihren nördlichen Besatzungszonen immer mehr Ärger mit den freigebliebenen Germanen bekamen, nahmen sie sich fest vor, mit Hilfe der Architektur wenigstens in ihrer Südzone dauerhaft römische Ordnung herzustellen.

10.
Die Christen im Römischen Reich

»Macht was ihr wollt, wir sind Christen.
Und Götzenbildern opfern wir nicht.«
Justinus Märtyrius

Riesige Weltreiche führen noch heute zu riesigen Problemen. Je größer das Römische Reich wurde, desto größer wurden zwangsläufig die Entfernungen zwischen der Regierungshauptstadt Rom und den Sitzen der Provinzverwaltungen. Unzählige Boten waren damals im ganzen Reich unterwegs. Wenn der Brief eines Statthalters Rom erreichte, lag dessen Absender nicht selten schon ein Vierteljahr unter der Erde.

Irgendwo an den Grenzen des Weltreichs war immer Krieg oder mußten zumindest ein paar Aufstände niedergeschlagen werden. Feldherren und Soldaten, die einen Sieg errungen hatten, brachten Beute mit und wurden immer reicher. Wer als freier Römer seinen Lebensunterhalt auf unblutige Weise erwarb und nicht sehr viel Land und Sklaven besaß, verarmte immer mehr. Das Christentum war genau das richtige für diese Zeit.

So sehr sich die römischen Kaiser auch bemühten, sie konnten diese neue Religion der Armen und Sklaven nicht mehr aus der Welt schaffen. Nach Christi Hinrichtung sammelten seine Anhänger die von *Paulus* (= vgl. Kapitel 4) geschriebenen Briefe und andere Berichte über Leben und Tod des Jesus Christus. Sie fügten diese Texte zum *Neuen Testament* (= Anthologie der Christen; Fortsetzung des »Alten Testaments« der Juden) zusammen. Diese später zur Bibel verbundenen Bücher hielten die Christen zusammen. Menschen mit christlichem Glauben zu töten war einfach. Bücher zu töten war *damals* (= Zeit ohne Fernsehen) noch nahezu unmöglich.

Als Petrus und Paulus von Römern umgebracht worden waren, lebte die Lehre Christi in den *Evangelien* (= Storys von Matthäus und Lukas, Johannes und Markus) weiter.

Unter den Politikern des Römischen Reiches wurden die Konflikte und Spannungen immer größer. Wer in Rom jeweils Herrscher war, hatte so viel Probleme am Halse, daß *Nero* (= Kaiser und Lyriker) sogar infolge von Überarbeitung seine Mutter, seinen Bruder und seine erste Frau umbringen ließ.

64 Jahre nach Christi Geburt geriet die Stadt Rom in Brand. Nero wurde verdächtigt, diese *Brandstiftung* (= Abfackeln) persönlich angeordnet zu haben. Er deutete mit seinem immer *manikürten* (= lat. für Pflege der Hand) kaiserlichen Zeigefinger auf die Christen. Sie wurden danach noch grausamer verfolgt, aber am immer größeren Erfolg ihrer Lehre änderte das gar nichts.

Die *Bischöfe* (= Vorsteher größerer Christengemeinschaften) stritten sich untereinander zwar häufig, aber sie hielten ihre Gemeinden zusammen. 200 n. Chr. wurde der Bischof von Rom *Papst* (= Vorsitzender des Politbüros der Christen). Reichtum wurde nicht mehr wie zuvor von der Kirche für eine grundsätzlich üble Sache gehalten, sondern die Bischöfe begannen, feiner zu unterscheiden: Reichtum und Prunksucht der Kaiser und Patrizier waren nach wie vor schlecht. Reichtum der Kirche war dagegen gut und deshalb grundsätzlich zu vergrößern.

In den ersten beiden Jahrhunderten nach Christus hatten die Herrscher des Römischen Reiches in ihren Provinzen soviel zu tun, daß sie sich kaum noch um die Innenpolitik kümmern konnten. Ihre Wirtschaftspolitik war etwa so beschaffen, wie die in Deutschland nach dessen zur Zeit letzter Vereinigung.

Kurztext für Überflieger: Wo Not und Unzufriedenheit zunehmen, wenden sich die Menschen häufig einem *neuen Glauben* (= für Anhänger des alten: Irrglauben) zu. Selbst grausamste Verfolgung der Christen sowie das Abfackeln Roms (= Reichstagsbrandvorläufer) konnten die Ausbreitung des Christentums nur verzögern, aber nicht verhindern.

11.
Der Limes – Die Mutter aller Mauern in Europa

»An diesem Befestigungswerk werden sich die germanischen Bauern ihre halbverfaulten Zähne ausbeißen.«
Titus Domitianus

Nach einem großen Aufstand der *Chatten* (= Vorfahren der Hessen) hatte Kaiser Domitian die ständige Unruhe in den germanischen Provinzen so satt, daß er ein gewaltiges Bauwerk begann. Eine mehr als fünfhundert Kilometer lange Grenzschutzanlage sollte die römisch besetzte Zone so gründlich abschotten, daß kein Nordi jemals wieder die Lust verspüren würde, dort mit anderer als friedlicher Absicht einzudringen. Zuerst wurden Grenz-

türme aus Holz errichtet, die in Sichtweite zueinander standen. *Kastelle* (= Notunterkünfte für Legionäre) nahmen immer mehr und immer besser ausgebildete Berufssoldaten der Römer auf. Jetzt mußten diese nicht nur kämpfen können, sondern auch die Grenztürme instand halten und einen Zaun aus in die Erde gerammten verkürzten Baumstämmen errichten. Hinter dieser *Palisade* (= Brustwehr für Männer) wurden Gräben ausgehoben, Wälle errichtet und schließlich drei Meter hohe Steinmauern und Steinkastelle. Hinter diesem Todesstreifen brachten die Legionäre das Modernste in Stellung, was sie an Waffen besaßen. Sie verfügten schon über Katapulte, die einen Pfeil 323 Meter weit durch die Luft transportieren konnten. Eine halbwegs gute Wurfmaschine schleuderte jeweils eine Steinkugel von 2 Kilogramm bis zu 300 Meter entfernten Zielen. Diese Waffen des Altertums funktionierten nach dem Prinzip der *Zwille* (= Astgabel mit Gummiband). An Patronen und Granaten, ganz zu schweigen von *Cruise-Missiles* (= Raketen mit eingebautem Steuerungscomputer) dachte noch keiner. Bis zur Erfindung des Schießpulvers müssen sich die Leser noch zwölf Jahrhunderte gedulden.
Selbstverständlich ließen die römischen Legionäre die meisten schweren Arbeiten von den größeren und kräftigeren Germanen erledigen.
Immer mehr Südis konnten mit immer mehr Aufgaben betraut werden, die sie recht schnell immer besser zu erledigen lernten. Bald konnten sie sich nicht nur im Mauerbau mit den Römern messen, sondern sie lernten von ihnen, wie zivilisierte Menschen Weinberge und Obstkulturen anlegen.
Um den Nachschub für die riesige Menge Soldaten an

der Mauer heranschaffen zu können, wurde ein gut ausgebautes Straßennetz für Fuhrwerke erforderlich. Germanen lernten, wie man eine Straße vernünftig mit Steinen pflastert. Sie bauten so gute Straßen, daß man noch heute jene Rillen sehen kann, die römische Transportfahrzeuge vor fast zweitausend Jahren hinterlassen haben.

Zugegeben, am Limes wurde länger als hundert Jahre lang gebaut, und er wurde ständig repariert und immer weiter verbessert, aber diese Arbeit hat sich zweifellos gelohnt.

Der Limes hinderte die Nordis bis ins 3. Jahrhundert, weiter nach Süden und Westen vorzudringen. *Augusta Treverorum* (= Trier) war so sicher, daß 293 bis 395 n. Chr. die ganze Westhälfte des Römischen Reiches von dort aus verwaltet werden konnte. In diesem Reich hatte sich inzwischen sehr viel geändert: Kaiser Konstantin war Christ. Wer als römischer Beamter befördert werden wollte, ließ sich taufen. Der Herrschaftsbereich der Römer wurde allmählich immer christlicher. Nur die Nordis in ihren weit zerstreut im mitteleuropäischen Urwald gelegenen Dörfern bekamen kaum etwas von dieser Entwicklung mit. Typisch für zurückgebliebene Völkerstämme. Der Limes schirmte sie lange Zeit ebenso wirksam vom Christentum ab, wie das Römische Reich vor ihnen.

Kurztext für Überflieger: Gut Ding will Weile haben, aber auch die besten Mauern halten nicht ewig.

12.
Die Völkerwanderung oder Das ganz große Chaos

»Sie schießen aus der Ferne mit Pfeilen. Hin und her springend richten sie ein entsetzliches Blutbad an.«
Ammianus Marcellinus

Zweihundert Jahre lang ging es an Rhein und Donau so friedlich zu, daß die Grenzübergänge im Limes meistens tagsüber geöffnet werden konnten. Stolz zeigten reichgewordene Südis den staunenden Nordis ihre Häuser, die nicht nur aus Steinen gebaut waren, sondern sogar Löcher in den Wänden hatten, durch die, zumindest tagsüber, das Licht in die Kammern fiel. Die Nordis waren auf den Trick mit den Löchern in der Wand noch nicht gekommen. Bei ihnen brannte auch tagsüber in der Lehmhütte oder im Blockhaus zur Beleuchtung ein *Kienspan* (= harziges Stück Holz).

Diese *friedliche Koexistenz* (= neidisches Nebeneinander) von Germanen auf der einen Seite des Limes mit denen auf der anderen fand Anfang des 3. Jahrhunderts n. Chr. schlagartig ein Ende.

Auch diese Katastrophe hatte mehrere Ursachen.

Die *unterentwickelte Kultur* (= kein Fernsehen, kein Radio, nicht mal Fenster) der Nordis bot wenig Abwechslung. Schon aus reiner Langeweile hatten die Angehörigen der freien Germanenstämme immer mehr Kinder hergestellt. In manchen Gegenden wurde die Besiedlung so dicht, daß sich Angehörige verschiedener Sippen und kleiner Stämme kennenlernen und – bei Bedarf – zu

Großstämmen (= Franken, Sachsen, Alemannen) zusammenschließen konnten. Anfangs schafften es die Römer-Südis gewöhnlich, den Limes gegen sie zu verteidigen. Als dann aber auch noch die *Hunnen* (= riesiges mongolisches Pferdezüchtervolk) die germanischen Goten aus deren Siedlungsgebiet vertrieben, wurde das Römische Reich an seiner gesamten *langen Nordostgrenze* (= vom Schwarzen Meer bis zur Nordsee) von immer mehr Einwanderern heimgesucht.
Zwar dachten die germanischen Großstämme noch nicht mal im schlimmsten Alptraum daran, »Wir sind ein Volk« zu schreien, und sie blieben auch in den von ihnen eroberten Gebieten die Minderheit, aber das riesige Römische Reich zerbrach an seinen inneren Spannungen. Aus der Mitte Europas zogen sich die römischen Legionen zurück. »Sollen die Germanen doch machen, was sie wollen«, dachten genervt die Römer. »Die werden schon sehen, was sie davon haben!«

Kurztext für Überflieger: Infolge der Völkerwanderung und der inneren Spannungen zerfiel das Römische Reich in viele Einzelteile. Während dieser Jahrhunderte dauernden Auflösungserscheinungen konnten sich die Römer nicht auch noch um den Limes kümmern. Sie zogen sich aus Mitteleuropa zurück. Wo immer dort der letzte Legionär seine Öllampe ausblies und einpackte, begann sofort das *finstere Mittelalter* (= Zeit ohne Öllampen).

TEIL II:

UNSERE VOR-VOR-VORFAHREN IM MITTELALTER

13.
Nach Abzug der Römer aus der Mitte Europas

»Den ungerechtesten Frieden finde ich immer noch besser als den gerechtesten Krieg.«
Marcus Tullius Cicero

Während und nach der *großen Völkerwanderung* (= kleinere gibt es dauernd) geriet in der damals bekannten Welt nahezu alles durcheinander.
Im zerbröckelnden Römischen Reich hoben Heere ihre Feldherren so schnell auf den Kaiserthron und entsorgten diesen wieder so schnell, daß sich die Herrschaft kaum noch synchronisieren ließ, weil meist mehrere Kaiser von verschiedenen Thronen aus regierten.
Zusätzlich waren gegen Ende des 4. Jahrhunderts so viele *Ausländer* (= Germanen und andere) in Rom, daß sich kultivierte Römer dort nicht mehr wohl fühlten. *Kaiser Konstantin* (= Christenlover) zog nach *Byzanz* (= danach Konstantinopel, z. Zt. Istanbul; Türkei) um, was zur Teilung des Römischen Reiches in ein Oströmisches und ein Weströmisches führte.
Zwischen Elbe und Atlantik rissen sich germanische Stämme soviel Urwald unter den *Nagel* (= bei Germanen noch immer nicht manikürt!), wie sie nur kriegen konnten.
Die *Alemannen* (= Schwaben) ließen sich zwischen Oberrhein und Neckar, am Bodensee und in der heutigen nördlichen Schweiz nieder. Sparsam, wie dieser Stamm noch heute ist, hatten die Schwaben nicht das geringste Verständnis für *römische Baukunst* (= Steinverschwendung) und ließen alles verfallen, was die Römer von

ihrer Zivilisation nicht mitnehmen konnten. Auch die *Friesen, Sachsen, Thüringer und Bayern* (= Fußkranke der Völkerwanderung) vergaßen so schnell wie möglich, was sie von den Römern gehört, ja sogar gesehen hatten. Nur bei den *Franken* (= z. Zt. des Limes teilweise mit Römern verbündet!) gab es einen Herzog namens Chlodwig, der eindeutig *Sinn für Größe* (= Größenwahn) hatte. Er beschloß, *König* (= Führer) aller Frankenstämme zu werden.

Kurztext für Überflieger: Ein Germane vom Stamme der Franken lernte von den Römern, wie praktisch ein richtiges Reich ist. Allerdings übernahmen auch die Römer von den Germanen, was ihnen von deren kulturellen Errungenschaften brauchbar erschien: die *Hose.* Dieses Beinkleid lag bei vielen Römern jetzt in ihren Kleiderkisten neben der *Tunika* (= langes Sweatshirt).

14.
Das Reich der Franken und des Papstes Salbe

> *»Herr, laß mich bloß gewinnen. Dann will ich mich auch auf deinen Namen taufen lassen.«*
> Chlodwig, der Merowinger

Um 466 n. Chr., als Chlodwig das *Licht der Welt* (= damals Kienspan) erblickte, waren die Franken wie alle Germanen noch immer sehr arme Bauern, die mit sehr *primitiven* (= Gegenteil von kompliziert, z. B. Wotans Hammer) Pflügen dem Land das Getreide fürs Muesli

und das *Heu* (= getrocknetes Gras) fürs Vieh abrangen. Noch immer lebten sie in weit voneinander entfernten Gehöften und Dörfern.
Wie bei allen Stämmen, die sich zu größeren Völkerschaften zusammengefunden hatten, gab es auch bei den Franken Herzöge und Könige, die sich – außer Talent im Umgang mit *Streitaxt* (= scharf nach beiden Seiten; bisexuell!) und *Wurfspieß* (= mit Widerhaken) – hauptsächlich durch Führungseigenschaften auszeichneten. Sie konnten die grundsätzlich störrischen Germanen dazu bringen, ihnen hinterherzurennen. Die Fähigkeit dazu hielten Germanen für erblich. Obwohl auf diese Weise nachweislich immer nur Unheil gestiftet wurde, nannten sie die inzwischen erbliche Begabung zum Leitgermanen *»Königs-Heil«* (= erbliches Dominanzgen)
481 n. Chr. lief Chlodwig einfach in Richtung *Gallien* (= noch Römerprovinz mit Südis) los.
»Heil Chlodwig«, riefen alle Herzöge und rannten ihm hinterher. Diesen wiederum liefen alle Edlen hinterher, denen wiederum ihre Stämme hinterherliefen. Alle brüllten »Heil Chlodwig«, und auf diese Weise war es kein Problem für die Franken, sich mit den *Romanen Galliens* (= lateinsprechende Südis) zu vereinigen.
Begeistert übernahm Chlodwig die von den Römern entwickelten *kulturellen Errungenschaften* (= Latein, Christentum sowie Mauern) und heiratete eine Christin mit dem nur schwer auszusprechenden Namen Chrotechilde.
Als *Normannen* (= richtige Germanen; Wotan-Fans) die Frankenstämme in der Gegend von Köln angriffen, um sich mit ihnen zu vereinigen, konnte Chlodwig sie zurückdrängen. Zum Dank für diesen *Sieg* (= erfolgreiches

Blutbad) eilte er zum Religionsunterricht und ließ sich noch kurz vor Ende des 5. Jahrhunderts gemeinsam mit 3000 seiner edelsten Mitanalphabeten taufen. Frohen Mutes und der Unterstützung des Gottes der Christen sicher, brauchte er danach nur noch sämtliche anderen Gau- und Stammeskönige der Franken samt deren Familienangehörigen mit Hilfe von Mord und Totschlag ins Reich seines neuen HERRN zu befördern, und das Frankenreich war gegründet.

Nach dem Tode Chlodwigs erinnerten seine vier Söhne vorsichtig daran, daß Königswürde inzwischen erblich sei. Die fränkischen Stammesherzöge nickten ärgerlich, und jeder seiner vier Söhne wurde zum Herrscher über ein viertel *Reich* (= Land mit allem, was sich darauf befindet; im Frankenreich hauptsächlich Urwald und Sümpfe).

Keiner der Franken rief »Viergeteilt niemals«, aber selbstverständlich brachten sich auch die *Merowinger* (= Nachkommen Chlodwigs) mit Hilfe von Gift, Dolchen sowie *schweren Werkzeugen* (= z. B. Wotans Hammer) gegenseitig um.

Schließlich übernahmen *Hausmeier* (= Verwalter; Vorläufer unserer Staatssekretäre) die Herrschaft erst über Teile, dann alle Gebiete des Fränkischen Reiches.

Einer der Hausmeier (= *Hausmeier!* Nicht Hausmeister!), im Gegensatz zu *Pippin dem Kurzen* (= Lieblingszwerg der Historiker) Pippin der Mittlere genannt, ließ schließlich höflich beim Papst anfragen, »was von den (noch) nicht umgebrachten Königen im Frankenreich« zu halten sei, denen keiner mehr hinterherlief. Der Papst überlegte nicht lange.

»Pippin soll König werden«, brummte er und schickte

ihm eine besondere Salbe, mit der ihn fränkische Bischöfe einrieben. Danach war auch Pippin ein richtiger König, ohne von einem solchen abzustammen. Endlich brauchte er sich die Haare nicht mehr schneiden zu lassen, was die Franken nur bei Königen duldeten.

Kurztext für Überflieger: Im Gegensatz zu *Attila* (= Hunnenkönig), der eine *Burgunderin* (= Stamm der Nibelungen) geheiratet hatte, überlebte Chlodwig die Hochzeitsnacht mit einer Christin. Als die Hausmeier an die Macht gekommen waren, entdeckte der Papst, daß er mit Hilfe einer Salbe bei Bedarf Könige herstellen kann.

15.
Mit Bibel und Axt – Die Missionare kommen

»Die Mönche hatten ein reiches Innenleben und waren dreckig wie Schweine.«
Umberto Eco

In der Mitte Europas fand die römisch-katholische Sorte des Christentums bei den Alemannen, Bayern und selbstverständlich bei den Franken langsam mehr Anhänger. Zuerst in deren *Oberschicht* (= beim Bier: Abschaum!)

Die Bauern siedelten nicht nur weitverstreut im Reich, sondern sprachen schon damals kein Latein. Wo immer auch ein Priester versucht hätte, ihnen ohne Dolmetscher das Christentum zu erklären, hätten sie ihn nicht verstanden.

Bei den Sachsen und Friesen beharrten noch selbst die Adligen im Glauben an Wotan. Der verlangte nur gelegentlich ein *Opfer* (= Ziege oder Mensch) von ihnen und mischte sich nicht in ihre Angelegenheiten. Der Gott der Christen dagegen hielt sich auch dafür zuständig. Seine *Priester* (= Bodenpersonal) behaupteten es jedenfalls.
Pippin der Mittlere, einer der Nachfolger Chlodwigs, schlug dem Papst kurzerhand vor, auch den Rest der Heiden in Mitteleuropa zum Christentum zu bekehren, um ihre Reiche mit seinem Fränkischen zu *vereinigen* (= zu unterwerfen).
Der Papst griff Pippins Vorschlag begeistert auf. Ein von Heiden gefürchtetes britisches *Missionarsteam* (= Reisevertreter für Religion) unter Leitung des bewährten Massentäufers Bonifatius segelte über die Nordsee. Etwa nur mit einem Holzkreuz und ohne Waffen? – Wer es glaubt, wird selig! Wie viele, die etwas für absolut richtig halten, wollte inzwischen auch die katholische Kirche ihren *Glauben* (=jeweils aktueller Irrtum) überall verbreiten. Bei den Friesen gelang den Missionaren ihr christliches Werk *vergleichsweise leicht* (= nur wenige Tote).
In Hessen aber mußte Bonifatius erst eine von Wotan-Fans für heilig gehaltene morsche Eiche fällen und seine bewaffneten Begleiter jede Menge Hessen umbringen, bis sich deren Rest für die *Religion der Liebe* entschied (= viele Tote).
Inzwischen begannen die Franken, zur Sicherung ihrer Herrschaft Burgen zu bauen. Etwa seit Anfang des 6. Jahrhunderts gab es bei ihnen schon kleine abgelegene *Klöster* (= Nester von Mönchen und Nonnen), wo Christen ein ganz auf ihren Gott bezogenes Leben zu führen versuchten.

Um bei seinem Papst nicht in schiefes Licht zu geraten, gründete Bonifatius in möglichst sicheren Gegenden weitere Klöster und sorgte dafür, daß große *Bistümer* (= Verkaufsbezirke für Christentum) gebaut wurden.

Kurztext für Überflieger: Schon kurz nach Eröffnung des Mittelalters brachte Bonifatius Wotangläubigen das Christentum, bis ihm Friesen den größten Wunsch eines jeden Missionars erfüllten. Sie verhalfen ihm zum *Märtyrertod* (= Platzkarte fürs Himmelreich), der derzeit nur vom Islam angeboten wird.

16.
Endlich mal wieder ein Herrscher von Format

> *»Eine zweite Sprache verstehen und sprechen zu können, bedeutet den Besitz einer zweiten Seele.«*
> Karl der Große, für Franzosen: Charlemagne

Kurz vor Schluß des 8. Jahrhunderts wurde im *Frankenreich* (= riesiger Urwald mit Burgen und Klöstern) nach dem Tode seines Bruders ein *Königssohn mit ungewöhnlich großen Füßen* (= Größe 46) Alleinherrscher.
Karl war 1,82 Meter groß, was Historiker genau wissen, weil seine Knochen ausgegraben und gemessen wurden. Selbst für germanische Verhältnisse war jemand mit derartigen Körpermaßen damals noch ein Riese. Pippin der Kurze hätte eine Leiter gebraucht, um ihm den *Weinbecher* (= vielfach aus Blei, viele Reiche litten an ständiger Bleivergiftung) reichen zu können.

Wie später *Charles de Gaulle* (= Franken-Wessi) und *Kanzler Kohl* (= Franken-Ossi) muß Karl der Große seine Berater überragt haben. Nicht nur König zu sein, sondern zusätzlich auch noch Riese, das verpflichtet immer doppelt.
Sobald er König war, begann Karl aus dem *Reich der Franken* (= z. Zt. Frankreich, Belgien, Holland, Norditalien, Deutschland usw.) ein richtiges Weltreich zu machen.
Sein erster Schritt dazu war die Vereinigung mit den Sachsen, die noch immer an ihren *altmodischen Gewohnheiten* (= Selbstbestimmungsrecht sowie Glaube an Wotan) festhielten.
Damals waren solche Vereinigungen noch nicht so leicht wie heute.
Bananen und Zigaretten sowie Autos, mit denen man später rückständige Völkerstämme anlocken konnte, gab es noch nicht. Notgedrungen mußte Karl seine schweren *Panzerreiter* (= Krieger mit Netzhemd aus Metall) und *Fußsoldaten* (= Bauern mit Lanzen und Schilden) in Marsch setzen und »Heil Karl« brüllen lassen.
Die Wallburgen der Sachsen wurden überrannt und von fränkischen *Hausmeiern* (= Verwaltern, so was wie Treuhand!) übernommen. So viele Sachsen wie möglich wurden totgeschlagen. Ihre Heiligtümer wurden zerstört und durch Kirchen ersetzt.
Aber schon drei Jahre später wußte Karl, was noch jeder Herrscher irgendwann lernt. Auch er konnte nicht überall gleichzeitig sein!
Sobald sich Karl und seine Truppen irgendwo zurückzogen, nahmen auch die Sachsen den von ihnen bevorzugten *Lebensstil* (= sowenig Arbeit wie möglich) wieder auf.
Erst als Karl auf Rat seiner Bischöfe Massentaufen er-

möglichte und gleichzeitig auch im Sachsenlande mit dem *Bau von Burgen und Klöstern* (= ABM-Programm) beginnen ließ, brach der Widerstand der fränkischen Neubürger.
Zwar mußten allein im heutigen Weserbergland 4500 Sachsen geköpft werden, was die *Taufteiche* (= Ganzkörpertaufe!) blutrot färbte, aber letztlich setzte sich die konzertierte Aktion von Bibel, Schwert und Baumaßnahmen durch.
Danach brauchte der fränkische Riese nur noch seine Panzerreiter in Richtung Bayern in Marsch zu setzen. Auch dessen Herzog Tassilo erkannte seine Oberhoheit an, und der Papst in Rom setzte Karl sogar freiwillig eine Kaiserkrone auf den Kopf, die einer der früheren römischen Kaiser bei der Flucht vor seinem Volk vergessen hatte.
»Leben und Sieg dem von Gott gekrönten und friedenstiftenden Kaiser der Römer«, brüllten alle. Karl war jetzt endlich ein richtiger Kaiser, und er beschloß als erstes, sich eine richtige *Pfalz* (= Kaiserbungalow) bauen zu lassen. Vorsichtshalber ließ er seine Leute in Rom und Ravenna jede Menge Säulen dafür klauen. Vernünftige Säulen bekamen die Germanen noch nicht richtig hin.

Kurztext für Überflieger: Karl der Große überzeugte mit Hilfe seiner Panzerreiter viele Herzöge der Franken von der Richtigkeit des Beitritts zu seinem Fränkischen Reich. Sicherheitshalber ernannte er zusätzliche Herzöge und bestach sie mit Land. Wer sich nicht taufen lassen wollte, der mußte dran glauben.

17.
Wut und Boden –
Vom freien Bauern zum Hörigen

»Der Bauer ist auch ein Mensch – sozusagen.«
Friedrich v. Schiller

Im Hinblick auf die *Größe* (= sehr groß) und *Beschaffenheit* (= jede Menge Urwald, meist nur in Flußniederungen bewohnt) des Frankenreichs war es nicht von einer Zentrale aus zu regieren.
Ständig reiste Karl samt seiner transportablen *Hofkapelle* (= Bischöfe, Zwerge, Adlige) mit einer Geschwindigkeit von 30 Tageskilometern durchs Reich.
In Richtung Süden bevorzugte er die Nibelungenstraße, in Richtung Osten den sogenannten Hellweg, der inzwischen zur Bundesstraße eins verkommen ist.
Wo immer der Kaiser war, entfaltete sich sein Hof. Sobald er weiterreiste, faltete der sich wieder zusammen. Karl hatte immer dort Macht, wo er sich gerade befand. Anderswo machte jeder Herzog oder Bischof meistens, was immer er wollte. Unter Karl dem Großen hörte die alte germanische Gewohnheit auf, einfach ein Stück Urwald abzuholzen und das Land dann zu bewirtschaften.
Karl und die Adligen betrachteten sich als Besitzer des noch nicht genutzten, vorhandenen sowie neu eroberten Landes. Bäuerliche Großgrundbesitzer konnten ihre Liegenschaften nicht allein bewirtschaften.
Das *Lehenssystem* (= Aufteilung des Volkes in Hauswirte und Mieter) begann. Adlige, die vom Kaiser Land als Lehen erhielten, mußten dafür mit ihren Leuten Kriegs-

dienste für ihn leisten und Panzerreiter stellen, deren Ausrüstung sehr teuer war.
Bauern, die Land in Pacht nahmen, mußten an ihren jeweiligen Herrn Teile der Ernte abliefern und zusätzlich auf deren Land *Frondienste* (= unbezahlte Arbeit z. B. der Hausfrau) leisten. Sie wurden unfrei. Ihr einziger Vorteil war, daß sie bei *Krieg* (= dauernd) ihrem Herrn nicht mehr hinterherlaufen mußten. Sie waren vom *Heerbann* (= allgemeine Wehrpflicht) befreit, damit sie sich um die ihnen geliehenen Felder kümmern konnten.

Kurztext für Überflieger: Im Fränkischen Reich gab es Adlige, Bauern mit eigenem Land (= *Freie*) und Hörige. Der Ordnung halber kann man Sklaven, die sowohl auf den Höfen des Kaisers und des Adels als auch auf denen der Hörigen schuften mußten, als *Schwerhörige* bezeichnen.

18.
Die schmerzliche Teilung des Fränkischen Reiches

»Unter diesem Stein liegt der Leib Karls, des großen und rechtgläubigen Kaisers, der das Reich der Franken herrlich erweitert und siebenundvierzig Jahre glückhaft beherrscht hat.«
Grabstein, Pfalzkapelle Aachen

Noch zu Lebzeiten setzte Karl der Große seinen Sohn Ludwig als Nachfolger ein, aber bei dessen *Erziehung* (= Programmierung des Gehirns) müssen die Bischöfe zu viel des Guten getan haben.

Schon sein Schimpfname *Ludwig der Fromme* beweist, daß Ludwig rund um die Sanduhr beten wollte. Um dafür Zeit zu haben, ließ er noch zu Lebzeiten seine Söhne das Frankenreich allein regieren, was natürlich immer ein Fehler ist.
Prompt schoben ihn die drei Söhne in ein Kloster ab und teilten das Fränkische Reich unter sich auf.
Ludwigs Sohn *Karl der Kahle* erhielt den westlichen Teil, der etwa vom Atlantik bis zur *Maas* (= z. Zt. Holland) reichte.
Ludwigs Sohn *Ludwig* sicherte sich den östlichen Teil zwischen Rhein und Elbe.
Ludwigs Sohn *Lothar* bekam den dazwischenliegenden vergleichsweise kümmerlichen Rest, den er sofort *Lothringen* nannte. Nach seinem Tod teilten sich Karl und Ludwig das auch.
Diese Teilung des Fränkischen Reiches in zwei Hälften führte dazu, daß sich beide Teile auf unterschiedliche Weise entwickelten.
Schon im Jahre 842, als die Söhne Karl und Ludwig einen Beistandsvertrag schlossen, mußten Mönche als Dolmetscher tätig werden. Westfranken und Ostfranken verstanden die Sprache der anderen nicht mehr. Die *»Straßburger Eide«* (= Vorläufer der Potsdamer Verträge) mußten in zwei Sprachen protokolliert werden.
Die *Franken im Westen* (= Wessis des Mittelalters) hatten die Sprache und Sitten der Gallier und Römer angenommen. Sie sprachen ein parfümiertes, onduliertes Latein, das sich zum Klangragout à la française verfeinert hatte.
Die *Franken im Osten* (= Ossis des Mittelalters) sprachen eine Art germanisches Bauern-Esperanto, das sich vom Latein völlig unterschied: Diutsk.

Kurztext für Überflieger: Schon im 9. Jahrhundert konnten sich bei den Franken die Ossis und Wessis nicht mehr verstehen und warten deshalb noch immer auf ihre Wiedervereinigung. *Warnung:* Es muß dringend davon abgeraten werden, in Geschichtsarbeiten für die Schule die Begriffe Ossi und Wessi zu gebrauchen.

19. Rache für Wotan – Die Wikinger kommen

»Thorulf, Gefolgsmann von Sven, errichtet diesen Stein für seinen Genossen Erik, der den Tod fand. Er war Steuermann, ein wohlgeborener Krieger.«
Erikstein; Normannengraffiti

Während die Franken ihre germanische Sparausgabe des früheren Römischen Reiches konstruierten und dann ordentlich in zwei überschaubare Hälften teilten, nutzten die *Normannen* (= Nordmänner, Skandinavier) die Zeit besser.

Sie bauten schnelle Schiffe und entdeckten schon mal Amerika, aber als bescheidene Wotangläubige klopften sie dort nur ein paar Graffiti in einen *Runenstein* (= »Einar war hier«) und erzählten keinem von der Neuen Welt, damit die Christen die nicht auch noch verhunzen konnten.

Die Wikinger, wie man die Normannen auch nennt, hatten auf ihrer Ostsee-Insel *Gotland* (= z. Zt. mit Schweden vereinigt) erfolgreich einen Handel mit Bernstein, Gewürzen sowie Menschen (= Sklaven) aufgebaut. Davon konnten sie recht gut leben.

Nur zum Spaß und um etwas Beute zu machen, drangen sie von Zeit zu Zeit auch in fränkische Liegenschaften ein.
Das geschah grundsätzlich mit Hilfe vergleichsweise schneller Schiffe auf den *Wasserwegen* (= Flüsse: Rhein, Seine, Elbe usw.). Gegen diese Überfälle konnten weder die Wessis noch die Ossis der Franken viel ausrichten, weil sie wasserscheu waren und keine Flotte besaßen.
Thor konnte vergnügt auf seinem Wagen durch die Lüfte rasen und mit seinem Hammer Funken schlagen. Noch einmal bäumten sich *richtige Germanen* (= freie, vom Christentum nicht gezähmte und von Lehensherren nicht ausgebeutete Germanen) in der Mitte Europas gegen die *romanische Kultur* (= getunte römische) auf.
Die Normannen überfielen Paris, Metz und Köln. Sie enteigneten Mainz, Worms und Toulouse. Sie funktionierten in Aachen sogar die ehrwürdige Kapelle der Pfalz Karls des Großen zum Pferdestall um und fackelten *Hamburg* (= Stadt, in der es meist regnet) kurzerhand ab.
Möglich wurde ihnen das allerdings nur, weil a) die Drachenschiffe der Wikinger schneller waren als die Panzerreiter und sich b) der Adel bereits davor hüten mußte, sein Landvolk zu bewaffnen. Es hätte seine eigenen Herren zweifellos mit größerem Vergnügen umgebracht als die Skandinavier.
Schließlich beruhigten die Franken-Wessis die Wikinger auf ihre auch später noch übliche Weise. Sie kauften sich los! Sie gaben ihnen Edelmetalle, Bier und ein Stück Land, wo die Seekranken der Normannen noch heute seßhaft sind: die Normandie.

Kurztext für Überflieger: Auch die Wikinger waren im Grunde ihres Herzens friedliche Germanen. Sie wollten nur, was die nun mal brauchen: möglichst viel Land und Bier.

20. Der Ostfrankenkönig mit der heiligen Lanze

»Wenige Sachen passieren zur richtigen Zeit, und der Rest passiert gar nicht. Der verantwortungsbewußte Historiker wird diese Fehler korrigieren.«
Herodot

Bei der Teilung des Frankenreiches in zwei Hälften hatten die Franken-Ossis eindeutig die schlechtere erwischt. Genaugenommen bestand sie, abgesehen von den Niederungen der Flüsse, zum größten Teil aus Urwald.

Zwar hatte jeder der dort lebenden Großstämme einen eigenen Herzog, aber auf einen neuen *König* (= Chef der Herzöge) oder gar *Kaiser* (= Chef von zu Königen beförderten Herzögen) waren die Herzöge nicht besonders scharf.

Wenn sie widerstrebend doch einen brauchten, so weil die Verteidigung ihres kümmerlichen Ossi-Reiches gegen *Awaren und Ungarn* (= Pferdezüchter ohne festen Wohnsitz) zu ihrem großen Kummer gemeinsames Handeln erforderte.

Nach langen Beratungen wählten sie den Sachsenherzog Heinrich zum König. Heinrich liebte sein *Hobby* (= Vögel fangen) so sehr, daß alle damit rechneten, er würde bald wieder zu seinen Leimruten zurückkehren. Dies war ein geschichtlicher Irrtum.

Sobald Heinrich König war, kaufte er sich als erstes eine heilige Lanze, in deren Spitze ein *Nagel vom Kreuze Christi* (= Gebrauchtreliquie) eingelassen war, und mit dieser Lanze legte er sofort richtig los.

Er versprach den Ungarn, ihnen regelmäßig *Tribut* (= Schutzgeld) zu zahlen, wenn sie seine Ossis in Ruhe ließen. Das ermöglichte es ihm, eine alte Tradition der Römer wieder zu beleben: den Mauerbau.

Zugegeben, den für eine richtige Mauer im Stile des *Limes* erforderlichen Sinn für Größe hatten die Ossis der Franken damals noch nicht. Sie entschieden sich noch für eine typisch *germanische Lösung* (= immer die billigste).

Wo noch verfallene Mauern früherer römischer Bischofssitze vorhanden waren, wurden diese repariert. Um die nach Abzug der Römer zusätzlich neuerbauten Bischofssitze und Klöster wurden jetzt endlich Mauern hochgezogen. Auch um die Dörfer wurde eine Mauer gebaut oder zumindest ein Zaun errichtet. Zusätzlich entwickelten die Ossis ein verbessertes Modell der längst üblichen Burg, die sogenannte *Fluchtburg* (= Vorläufer des Luftschutzbunkers).

Auf vielen dafür geeigneten Erhöhungen entstanden solche Bauwerke mit dicken Mauern. Jede dieser Burgen war ständig von Panzerreitern bewohnt. In Gewölben und Verliesen wurden weit mehr Lebensmittel gehortet, als selbst Panzerreiter aufessen konnten. Als die Ungarn im zehnten Jahr anrückten, weil Heinrich den *Tribut* (= Schutzgeld; EU-Beitrag) nicht bezahlt hatte, zogen sich alle Ossis der Gegend, die das Recht dazu hatten

(Bürger!), in die Burg zurück und verteidigten sie, bis die Ungarn genervt abzogen.

Kurztext für Überflieger: Schon die Ossis der Franken, die Vorläufer der Deutschen, wußten, daß man um jedes Grundstück entweder eine Mauer bauen oder es zumindest einzäunen muß.

21. Der Name der Neu-Rose – Klöster als Kulturtempel

»Kultur ist immer Triebverzicht.«
S. Freud

So gut Germanen auch mit Lanze, Schwert und *Keule* (= Baseballschläger des Mittelalters) umgehen konnten, Schreiben und Lesen waren ihre große Stärke nicht. Selbst Grundherren, Herzöge und Könige kamen sehr gut ohne *Kultur* (= erweiterter Inhalt des Kulturbeutels) aus. Mit der Einführung des Christentums wurde das anders.
Wo immer nördlich des verfallenden Limes ein Kloster gegründet wurde, wurden dort zuerst möglichst viele Bibeln und *Kommentare* (= Ausführungsbestimmungen) hergestellt.
Zwar besaßen die Chinesen schon seit 700 Jahren Papier, aber das hatte sich noch nicht zu den Christen herumgesprochen. Die schrieben noch auf *Pergament* (= getrocknete Haut von Rindern, Schweinen oder Eseln).

Anfangs waren Mönche meist römische Christen oder Südis, die Latein sprachen.
So sorgfältig wie möglich malten sie einen Buchstaben nach dem anderen ab. Die Herstellung einer Bibel dauerte Jahre. Obgleich Mönche siebenmal am Tag und sogar nachts zum Chorgebet gerufen wurden, flüchteten auch getaufte Germanen ohne eigenen Grundbesitz vor der Fronarbeit in die Klöster, aber auch dort erwartete sie nichts anderes.
Nachdem *für schwielige Germanenhände geeignete Buchstaben* (= karolingische Minuskeln) erfunden waren, mußten auch sie in jeder *freien Minute* (= im Mittelalter etwa zwei Stunden) Bibeln abschreiben. Wessen Hände selbst für Minuskeln zu groß waren, der hatte auf den Feldern der Klöster zu arbeiten oder die Dächer von Kirchen und Klöstern zu reparieren, in die es ständig hereinregnete.
Klöster, deren *Abt* (= Klostervorsteher) einen Herzog oder Großgrundbesitzer davon überzeugen konnte, daß eine Landschenkung an ein Kloster automatisch einen besseren Platz im Himmel nach sich zog, wurden so reich, daß sie Höfe von der Nordsee bis zum Alpenrand verwalten konnten.
Auch solche Klöster waren Grundherren und ließen ihre Felder von Hörigen bearbeiten, was ihnen Gelegenheit gab, sich noch mehr auf das Abschreiben von Bibeln und die Herstellung von Bildern zu konzentrieren, die den *himmlischen Herrn* (= Wotan der Christen) und sein Team in herrlichen Farben zeigten.
Diese Gemälde und die *Gottesdienste* (= spannende Show mit lateinischen Gesängen, eindrucksvollen Gewändern und Weihrauch) beeindruckten die schlichten germani-

schen Bauern so, daß sich viele bald auch freiwillig dem Christentum zuwandten.

Kurztext für Überflieger: Jedes mittelalterliche Kloster war nicht nur eine *Metastase* (= Tochtergeschwulst) des Vatikans, sondern auch ein Tropf, der römische Kultur in den fränkischen Volkskörper rieseln ließ.

22.
Das Heilige Römische Reich der Ostfranken

»Der hat die Macht, an den die Menge glaubt.«
Benjamin S. Raupach

König Heinrich war kaum beerdigt, da bestellte Sohn Otto auch schon die Herzöge und Bischöfe nach Aachen. Dort setzte er sich auf den *Thron Karls des Großen* (= sehr unbequemes Designermöbel aus Stein), ließ sich zum König des Ostfränkischen Reiches krönen und sicherheitshalber vom Bischof mit Salbe einreiben.
Zur Feier des Tages wurden Bischöfe und Äbte vom König zu *Reichsfürsten* (= geistlicher Adel; *nicht* Geistesadel!) ernannt, und die Probleme eines Herrschers begannen.
Kaum war Otto I. König, da meldeten seine Brüder Erbansprüche an. Giselbert von Lothringen verbündete sich mit dem Frankenherzog Eberhard, und dem Bayernherzog war schon damals nicht zu trauen.
Typisch für die Franken-Ossis! Da hat sich ein König kaum an seinen Thron gewöhnt, schon soll er wieder runter.

Aber natürlich war auch Otto I. ein Franken-Ossi, und wo die erst mal sitzen, bekommt sie so leicht keiner mehr weg. Obwohl Otto geistliche Würdenträger durch *Lehen und Ämter an sich band* (= ottonisches System, Vorläufer des Amigo-S.), hatte er trotz dieser Bestechungen sein halbes Königreich gegen sich. Immer wieder mußte er Aufstände niederschlagen, doch er saß letztlich alle Gegner einfach aus.
Danach brauchte er nur noch den Segen des Papstes, damit sich die Bischöfe und Äbte nicht mit den anderen Herzögen gegen ihn verbündeten. Geduldig wartete Otto und ließ sich in Ruhe eine beeindruckende Kaiserkrone anfertigen.
Sobald die fertig war, wurde der Papst wieder einmal von seinen Gegnern angegriffen. Otto rief »Heil Otto«, ritt in Richtung Rom los, und seine bewährten Panzerreiter brüllten auch »Heil Otto« und ritten ihm hinterher, um den Papst zu verteidigen.
Dankbar setzte ihm der Heilige Vater dann die Kaiserkrone auf den Kopf, die Otto selbstverständlich gleich mitgebracht hatte, und damit hatte sich die *Seilschaft* (= Freundeskreis, mehr oder weniger kriminelle Vereinigung) von Kaiser und Papst zusammengefunden, die – mit einigen Unterbrechungen – bis 1806 einigermaßen funktionierte. Allerdings nur theoretisch. Im Hinblick auf die Entfernungen im Kaiserreich, zu dem zeitweilig auch die Hälfte von Italien gehörte, machte jeder Stammeskönig oder Herzog ohnehin meist, was er wollte.

Kurztext für Überflieger: Kaiser Otto gilt als Gründer des ersten römischen Kaiserreichs unter deutscher Leitung sowie eines Herrschergeschlechts, das man *Ottonen* nennt. *Warnung:* Es muß dringend davor gewarnt werden, Ottonen mit *Ottomanen* (= französische Liegemöbel) zu verwechseln.

23.
Die christliche Kirche, die neue Angstfabrik

»Die Kirche segnet den, der ihr zu Diensten fährt.«
Johann Wolfgang von Goethe

Obwohl mit jeder Schlacht unzählige Leichen und Invaliden produziert wurden, obwohl jeder den Slawen im Osten abgerungene Quadratmeter Land erst *gerodet* (= saniert) werden mußte, was regelmäßig Hungersnöte und *große Teuerung* (= Inflation) nach sich zog, überlebten die Franken-Ossis nicht nur das frühe Mittelalter, sondern ihre Zahl nahm zu.

Wie vor tausend Jahren schufteten die Bauern auf dem Feld. Noch immer konnte das Volk weder schreiben noch lesen. Daß sie von Ausländern schon *diutisch* (= mittelhochdeutsch für volksmäßig) genannt wurden, wußten sie nicht.

Auch die Machtkämpfe zwischen a) dem jeweiligen König oder Kaiser, b) den Herzögen oder Königen und c) den Bischöfen waren den Bauern nicht nur völlig egal, sondern 98 Prozent der Bevölkerung wußten nicht einmal, daß es solche Machtkämpfe zwischen den hohen Herren überhaupt gab.

Daß die *wirtschaftlich unfreien Bauern* (= Hörige) sowie die *absolut unfreien Sklaven* (= Schwer-Hörige) einen erheblichen Teil des Ertrags ihrer Arbeit beim weltlichen und geistlichen Lehensherrn abliefern und zusätzlich noch Frondienste leisten mußten, hielten sie für natürlich und von Gott so gewollt. Inzwischen versuchte man zwar selbst in *Hessen* (= vermutlich auf dem Gelände des Hessischen Rundfunks) nicht mehr, bei einer Mondfinsternis jenes Ungeheuer durch Lärm zu verjagen, das den *Mond* (= z. Zt. unbewohnter natürlicher Satellit) fressen wollte, aber dafür gab es neue Ängste.

In immer mehr Klosterkirchen und Kirchen schilderten ihnen immer mehr Priester die *Höllenqualen* (= reine Fiktion), die sie nach dem Tode im Falle eines *sündigen* (= von den eigenen Trieben geleiteten) Lebens erwartete. Seit dem 13. Jahrhundert mußten solche Sünden bei der *Beichte* (= Verhör durch Priester) gestanden werden. *Gottgefällig* (= den Priestern gefallend) waren *Fleiß, Gehorsam und Bescheidenheit* (= alte Sklaventugenden), die allerdings erst nach dem Tode belohnt wurden mit einer Art Dauerplatzkarte in der Nordkurve des Himmels, in dem *Engel* (= weiße Sheriffs) dauernd ihr »Lobet den Herrn« auf *hebräisch* (= Sprache der Juden) singen mußten, weil man dem allmächtigen Herrn keine Fremdsprachenkenntnisse zutraute.

Die Angst vor dem *Fegefeuer* (= teuflische Filteranlage) war so allumfassend verbreitet, daß Könige und Adlige die Bischöfe mit immer mehr weltlicher Macht und immer mehr Land an sich zu binden versuchten.

Bis jetzt noch freie Bauern folgten diesem Beispiel, allerdings mit anderen Absichten. Schenkungen an die Kirche sollten beim *Jüngsten Gericht* (= Weltuntergang infolge von Umweltzerstörung) als Alibi anerkannt werden.

Wo immer sich im Gehirn eines mittelalterlichen Bauern Zweifel an der Ordnung geregt hätten, hätte der Priester diese Zweifel beseitigt: »Dies ist vom himmlischen HERRN so gewollt.«
Die irdischen Herren sahen immer zufriedener aus den *Fenstern* (= noch immer ohne Glas) von Tausenden großen und kleinen *Burgen* (= Raubvogelnester des Adels) auf Deutsche hinunter, die noch nicht einmal ahnten, daß sie welche waren. Die Wohnverhältnisse waren allerdings schon so ähnlich wie später nach der zur Zeit letzten Vereinigung Deutschlands. Der Bauer und die Bäuerin wohnten, kochten und schliefen zusammen mit Mägden und Knechten in ihrem Haus, das aus einem einzigen Raum bestand. Vielfach teilten sie ihn mit ihren Ochsen, Kühen sowie dem Geflügel, Wände innerhalb des Hauses waren so selten wie noch tausend Jahre vorher Fenster.

Kurztext für Überflieger: Wotan war eindeutig besser.

24. Von Schild und Speer zur Ritterrüstung mit Schiebedach

»Beim Essen rülpst man nicht und putzt sich auch die Nase nicht mit dem Tischtuch.«
2. Rittergebot

Solange sich bei Meinungsverschiedenheiten die Germanenhaufen noch zu Fuß mit Schild und Schwert aufeinander bzw. auf die römischen Legionäre stürzen konnten, wurden die freien Bauern bei Bedarf zu Kriegern und kehrten danach auf ihre Felder zurück.

Nach der Erfindung des Sattels und Steigbügels im 8. Jahrhundert konnten Krieger so fest auf ihren Pferden sitzen, daß sie sich mit Hilfe der Lanze gegenseitig aus dem Sattel heben konnten. Selbstverständlich wurde für diese verbesserte Form der Kriegsführung auch eine neue Bekleidung erforderlich, wobei sich *Helme aus Metall* (= die ersten Sturzhelme) sowie *Panzerhemden* (= Designerhemden aus Eisenringen) durchsetzten. Wie alle Designeranzüge waren schon die ersten sehr teuer. Einer war etwa 30 Milchkühe wert, und die meisten freien Bauern konnten sich so was nicht leisten. Panzerreiter wurde zu einem Beruf mit hervorragenden Beschäftigungsaussichten. Gegen Slawenstämme, die keine Sklaven werden wollten, mußte genauso ständig Krieg geführt werden wie gegen noch freie Germanen, die gegen jede Vereinigung mit Franken waren. Herzöge kämpften gegeneinander und gegen Bischöfe, und der König bzw. Kaiser mußte dauernd gegen alle kämpfen.

Jeder scharte so viele Panzerreiter wie möglich um sich, und weil die Kassen der Könige, Herzöge und Adligen schon damals grundsätzlich leer waren, erhielten die Panzerreiter Land als Lehen. Darauf bauten sie unverzüglich prächtige oder weniger prächtige Burgen. Nach der Erfindung des *Plattenpanzers* (= Ritterkarosserie) wurde das Panzerhemd durch ihn ersetzt. Als nur noch wenige Ritter eine Nase hatten, wurde ein Gesichtsschutz für Helme entwickelt, den man hoch- sowie herunterklappen konnte. Diese Visiere galten als Sonderzubehör und haben zusammen mit dem Helm bis in die Gegenwart überlebt. *Motorradfahrer* (= Ritter des

technischen Zeitalters) tragen sie allerdings heute meist ohne Federbusch. *Knappen* (= Ritterlehrlinge) wurden von jedem Ritter gern zur Ausbildung angenommen. Wie jede Zunft entwickelte auch die der Ritter eigene Regeln.
Knappen hatten die Rüstung zu putzen und zu ölen. Ritter sollten es für ehrenvoll halten, für ihren jeweiligen Kaiser, König, Herzog oder Bischof zu kämpfen.
Mit Frauen, besonders denen der Adligen ohne Karosserie, sollte ein Ritter eigentlich nicht schlafen. Man erwartete von ihm lediglich, daß er sie nur durch *Minnelieder* (= krächzender Gesang) erschreckte. Die bewährte römische Tradition der Gladiatorenkämpfe wurde in Gestalt von Turnieren wiederaufgenommen, deren Sieger schon in Vor-, Zwischen- und Endrunden ermittelt wurde.
Bei Meinungsverschiedenheiten über die Frage, welcher Stamm, welches Herzogtum oder Königreich sich unter wessen Leitung mit welchen anderen Stämmen, Herzogtümern oder Königreichen zu vereinigen hatte, wurde aus den Ritterspielen blutiger Ernst. Auch dann rannten Pferde aufeinander los, hoben sich Ritter gegenseitig aus dem Sattel – aber wer jetzt vom Pferd fiel, wurde gewöhnlich vom Fußvolk umgebracht.

Kurztext für Überflieger: Selbst die Ritter haben die Regeln der Minne offensichtlich nicht besonders ernstgenommen, sonst wären die *Keuschheitsgürtel* (= Reizwäsche aus Ganzmetall) überflüssig gewesen.

25.
Großes Chaos in der römisch-katholischen Kirche

»In den Klöstern leben Laienäbte mit Frauen, Kindern, Vasallen und Jagdhunden.
Wie sollen die predigen, wenn sie nicht mal lesen können?«
Abt des Klosters Cluny

Es muß einmal mehr gesagt werden: Reichtum verdirbt den Charakter! Im gleichen Maße wie sich das Reich Christi mit den Reichen der Könige und Kaiser vereinigt hatte, war es immer reicher geworden und immer mehr verkommen.
Die Kaiser der *Deutschen* (= Franken-Ossis) setzten immer jenen Bischof auf den *Heiligen Stuhl* (= Thron des Papstes), der ihnen mit dem frommsten Augenaufschlag versprach, seine Macht über die Könige zu stärken.
Um die Planstellen der Äbte und Bischöfe wurde mit ähnlichen Mitteln gekämpft wie heute um Minister- oder Beamtenstellen. Viele Äbte sahen in dem Kloster, das sie vom Kaiser oder von Königen erhalten hatten, nur noch einen Wirtschaftsbetrieb. Manche Äbtissinnen waren ihrer Zeit so weit voraus, daß sie schon im Mittelalter ihr Kloster zu einem Sexclub umgestalteten.
Klar, daß es auch im Mittelalter schon *Nestbeschmutzer* (= Kritiker; eigentlich Nestsäuberer!) gab, die gegen diese Zustände wetterten.
Königen anderer Länder und italienischen Herzögen gefiel die Mauschelei des römischen Papstes mit dem Kaiser der Deutschen nicht, und sie setzten weitere Päpste ein.

Zeitweilig kämpften fünf verschiedene Päpste von verschiedenen Heiligen Stühlen aus gegeneinander.
Exkommunikation (= Rausschmiß aus der Kirche) sowie *Bannflüche* (= Kontaktsperre für Christen) wurden zur gegenseitigen Amtsenthebung ebenso benutzt wie Gift und Messer.
Entsetzt sahen die Bischöfe in der kultivierteren Wessi-Hälfte des schmerzlich geteilten Frankenreichs, was unter den Ossis aus der römisch-katholischen Kirche geworden war.
Vom Kloster *Cluny* (= z. Zt. Frankreich) aus begannen sie, den Einfluß der Kaiser und Könige auf die Kirche zurückzudrängen. 1046 war diese Reformbewegung schon so stark, daß der deutsche Kaiser Heinrich III. einen ihrer Vertreter auf den Heiligen Stuhl liften mußte, und *Papst Gregor* (= Gregor VII.; *nicht* verwandt mit Gregor Gysi!) stellte eindeutig klar, wie er das Verhältnis zwischen sich und dem Kaiser sah:
»Der Papst allein kann Bischöfe absetzen und wieder einsetzen. Einzig des Papstes Füße müssen alle Fürsten küssen ... Die römische Kirche hat nie geirrt und wird nach dem Zeugnis der Schrift auch niemals irren.«
Von da an sollten sich die Kaiser der Franken-Ossis aus den wichtigeren Angelegenheiten der katholischen Kirche möglichst heraushalten. Ihre Macht über die anderen deutschen Könige, Herzöge, Fürsten und Fürstbischöfe wurde dadurch geringer.

Kurztext für Überflieger: Seit der Wahl Gregors VII. zum Papst hoffte jeder Mächtige, daß sich der Heilige Vater seine heiligen Füße gewaschen hat, wenn er ihn besucht.

26.
Deutsche Städte und Zünfte

»Meinen Bürgern werde ich stets nur den zum Vogt und zum Priester einsetzen, den sie selbst gewählt haben.«
Herzog von Zähringen

So viele *sinnvolle Errungenschaften* (= Seife, Minirock, Hose) wir stolz der übrigen Welt als *germanische* (= bäuerliche) Erfindung unter die *Nase* (= althochdeutsch nasa, Gesichtserker) reiben können – die Stadt gehört leider nicht dazu. Selbst die Städtegründungen der Römer überlebten nördlich des Limes die Völkerwanderung nur dort, wo ein Bischof seinen Amtssitz in einer Stadt hatte und verteidigen konnte.
Wenn später auf dem Gebiet der Franken-Ossis weitere Städte entstanden, so weil jeder von Kaiser Otto I. zum Reichsfürst beförderte Bischof danach sofort a) eine möglichst große Kirche, b) eine möglichst prächtige Residenz sowie c) möglichst viele Handwerker brauchte, die alle Bauwerke ständig reparierten.
Handwerker hatten sich aus dem Bauernstand heraus zu entwickeln begonnen, als Unfreie festgestellt hatten, daß sie für die Herstellung von Panzern, Lanzen sowie *Reliquien* (= Nägel vom Kreuze Christi usw.) kein Land benötigten und deshalb keins vom *Fronvogt* (= Hauswirt unfreier Bauern) zu pachten brauchten.
Allmählich entstanden in den Städten Märkte, wo Handwerker und Händler ihre Waren anboten. Auch wenn die Gold- und Silbermünzen bei den Ossis der Franken dünner waren als bei den Wessis, auch ein Ossi-Pfennig war damals noch aus Silber und nicht aus Aluminium.

Die Geldwirtschaft verdrängte immer mehr den Tauschhandel. Schon damals zog Geld Händler magnetisch an, selbst über riesige Entfernungen hinweg.
Von weit her reisten sie zu den Markttagen im Frühjahr und Herbst in die wenigen großen Städte, boten Gewürze aus fernen Ländern, *Weihrauch* (= Räucherstäbchen) und kunstvoll gewebte Stoffe an. Wer Geld hatte, der kaufte, und wer kein Geld hatte, borgte sich welches bei Juden, die endlich mal einen Vorteil davon hatten, keine Christen zu sein.
Weil Christus laut Berichten im Neuen Testament grundsätzlich gegen Zins und Zinseszins war, hatten die Christen im Mittelalter noch Skrupel, welche zu kassieren. Juden waren an dieses christliche Zinsverbot nicht gebunden. Manche wurden in Städten *Geldverleiher* und *Geldwechsler* (= Bankkaufmann), aber genauso viele waren Händler oder Arzt. Manche waren hoch geachtet, weil jeder Jude zumindest lesen und schreiben konnte. In den Rheinstädten, in Köln, Mainz und Worms hatten sie mit den Bischöfen schon deshalb gute Beziehungen, weil sie sich auch im Recht ziemlich gut auskannten. Im Prinzip waren die Städte eine gute Sache.
Auch wenn jeder Römer angesichts der kleinen schiefen Häuser in den engen Gassen dieser Städte entsetzt die Hände vors Gesicht geschlagen hätte und in Kot sowie Abwässer getreten wäre, die bei den Franken-Ossis auf die Gasse gekippt wurden – für diese Deutschen des Mittelalters war die Stadt ein Gewinn. Selbstverständlich wurde auch um jede Stadt zuerst eine Mauer gebaut, um die Feinde draußen zu halten, aber danach wurde auch in den Städten deutsche Ordnung geschaffen.
Handwerker schlossen sich in *Zünften* (= Handwerks-

kammern) zusammen, die ihnen Konkurrenz vom Halse halten sollten. Der Weg vom Lehrling zum Gesellen und vom Gesellen zum Meister wurde ähnlich genau geregelt wie Arbeitszeiten und Wanderjahre. Kaufleute schlossen sich in Kaufmannsgilden zusammen, die ähnliche Regeln für den Handel erließen.

Das Beste an den Städten aber war, daß sich eine große Stadt bald auch militärisch verteidigen konnte und ihre Bürger vielfach nur dem Gericht der eigenen Stadt unterworfen waren. Vollberechtigter Bürger allerdings war nur, wer eigenen Grund und Boden in der Stadt besaß. Ende des 15. Jahrhunderts gab es auch in Deutschland bereits eine Reihe größerer Städte. Frankfurt hatte durch die für den Handel günstige Lage am Main 15 000 Einwohner, und in den zahllosen Kirchen Kölns wurden noch mehr Gläubigen erbarmungslos die Leviten gelesen.

Kurztext für Überflieger: Stadtluft macht tatsächlich frei. Viele *Errungenschaften der Zünfte und Gilden* (= Sonntagsbackverbot sowie Ladenschlußzeiten) erinnern noch heute daran.

27.
Kaiser, König, Edelmann – Herrschaft im Mittelalter

»Ein Kaiserwort soll man nicht dreh'n noch deuteln.«
Gottfried August Bürger

Auf die Sachsen folgten die Staufer, auf die Staufer folgten die Habsburger und – Schluß damit! Höchste Zeit, daß Wotans Hammer hier kräftig dazwischenschlägt. Schon beim Schach ist es schwierig, gleichzeitig auf die Bauern und die Offiziere aufzupassen, und gerade bei der Geschichte der Deutschen ist es ganz und gar unmöglich.

Bei jedem der deutschen Stämme hatte sich ein Herrschergeschlecht auf den Thron gesetzt. Einer dieser Könige oder auch Herzöge erbte, eroberte oder gewann die Herrschaft über das ganze »Deutsche« Reich.

Manche dieser Superkönige wurden vom Papst zum »Kaiser des Römischen Reiches« gesalbt. Manche setzten sich die Kaiserkrone selbst auf. Dann war der Papst verärgert.

Unabhängig von diesem Superkönig oder Kaiser herrschten die Stammeskönige nach wie vor über ihren Stamm. Das führte dazu, daß der Kaiser und die Stammeskönige ständig austesten mußten, wer wieviel Macht hatte.

Starke Kaiser (= viele Tote) guckten den Stammeskönigen so gut wie möglich auf die Finger. *Friedrich I.* (= Barbarossa, dtsch. Rotbart; wie die Rasierklinge) wurde dafür vom Volk so geliebt, daß er, wie Kennedy und Elvis, angeblich gar nicht gestorben ist. Manche vermuten ihn noch immer im *Kyffhäuser* (= Thüringen; z. Zt. Deutschland), wo sein Bart inzwischen durch den Schreibtisch gewachsen sein soll.

Schwache Kaiser (= wenige Tote) konnten sich gegen das Machtstreben der Stammeskönige kaum durchsetzen. Heinrich IV. mußte zu Fuß im Winter über die Alpen, um in *Canossa* vor der Burg des Papstes mehrere Tage im Schnee zu knien, damit ihn die deutschen Stammeskönige nicht absetzten.

Da neben den Stammeskönigen auch der Papst bzw.

Bischöfe bzw. Reichsfürsten mal mehr und mal weniger Macht hatten, änderten sich die Machtverhältnisse im Mittelalter ständig.
Die Stammesfürsten und Reichsadligen blieben sich weitgehend selbst überlassen. Sie machten mal mehr, mal weniger, was immer sie wollten. Es konnte ihnen allerdings wie Königen und Kaisern passieren, daß ihre Ländereien mit denen anderer vereinigt wurden; dies damals meist mit Hilfe von Panzerreitern.

Kurztext für Überflieger: Im Mittelalter herrschte jeder Mächtige über so viel *Reich* (= Quelle des Reichtums!), wie seine Ritterheere verteidigen konnten. Da die Ministerpräsidenten der deutschen Bundesländer z. Zt. nur über Schutzpolizisten verfügen, der Bundeskanzler aber über die Bundeswehr, fühlen sich unsere Kanzler (sofern keine Wahlen sie beunruhigen) ziemlich sicher.

28.
Inquisition oder die Stasi des Papstes

»Ich habe nicht gewußt, daß die Ketzer verbrannt werden. Ich dachte, die kommen ins Arbeitslager.«
Unbekannter Folterknecht

Inzwischen war das Christentum in beiden fränkischen Reichen wie im römischen Weltreich bei dessen Niedergang die Staatsreligion. Auch der Kirchenstaat griff immer härter durch, je mehr Macht er über seine *Gläubigen* (= Kirchenstaatsbürger) bekam.
Um den Schänken und Wirtshäusern, die allmählich

eröffnet wurden, das Geschäft nicht zu verderben, war in den Klöstern die Prostitution verboten worden. Vom 11. Jahrhundert an war die Ehelosigkeit für alle katholischen Priester Pflicht. Das gefiel manchen Christen schon damals nicht.

Mönche, die Latein konnten, wußten aus der Bibel, daß Christus seine Jünger nicht ein einziges Mal dazu aufgefordert hatte, nur noch a) in wilder Ehe zu leben, b) sich zum Homosexuellen ausbilden zu lassen oder c) durch Onanie den rechten Arm fürs Tennis zu kräftigen.

Nonnen und Mönche, die Sexualität für einen wichtigen Teil ihrer gottgegebenen Natur hielten, zweifelten am Papst. Viele Klosterinsassen, aber auch freie Bauern, Hörige und Schwer-Hörige begannen, sich nicht mehr nach den päpstlichen Ausführungsbestimmungen zu richten. Sie machten sich *eigene Religionen* (= heute New Age), und so was gefiel den Päpsten schon damals nicht.

Von Anfang an hatten Bischöfe und Äbte Abweichungen von der *reinen* (= vom Papst gewaschenen) römisch-katholischen Lehre verfolgt, aber im 13. Jahrhundert wurde die Ausrottung solcher *Ketzerei* (= Benutzung des eigenen Gehirns) zur Chefsache erklärt.

Der Papst schuf Sonderkommissionen von Priestern, die Andersdenkende aufspüren und vernichten sollten.

Inquisitoren (= Stasi-Offiziere des Vatikans) wurden mit Sondervollmachten in die christlichen Länder gesandt. Wer immer scharf auf das Haus oder Feld eines Nachbarn war, bezichtigte ihn der Ketzerei, und der Prozeß gegen den Unglücklichen begann.

Der *Ketzer* (= Querkopf) erfuhr nicht, wer ihn angezeigt hatte. Er bekam keinen Verteidiger, aber konnte durch unfreiwillige Behandlung in der *Folterkammer* (= Domi-

nus-Studio) zum Geständnis gezwungen werden. Wer nicht gestand, nicht zu Kreuze kroch, wurde zum Tode verurteilt und gewöhnlich auf dem *Scheiterhaufen* (= Versammlung von Holz) verbrannt. Wer gestand, der verlor zumindest seinen Besitz und wurde gleichfalls verbrannt, wenn er sich über den Verlust beklagte.
Wie zuvor brennende Christen die Straßen des Römischen Reiches beleuchtet hatten, so erhellten jetzt brennende Ketzer die Marktplätze der Christenheit, wobei die Christen geiziger waren als die Römer, die ihren Opfern immerhin ein Kreuz und ein paar Nägel spendiert hatten. Was ein Ketzer war, der wurde einfach an einen Pfahl gebunden, um den man Brennholz gehäuft hatte, das man anzündete.
Allerdings, selbst die Ketzerverbrennungen bewiesen, daß die *Romanen* (= Südis des Limes) mehr von Rom gelernt hatten als die Germanen nördlich des Limes.
Die Scheiterhaufen brannten damals vorwiegend in Spanien und Frankreich. Noch immer war Wotan bei den Deutschen nicht ganz vergessen, und als der erste Inquisitor 1233 n. Chr. seine Arbeit bei ihnen aufnehmen wollte, schlugen sie ihn einfach tot. Die Inquisition des Mittelalters blieb den deutschen Völkerstämmen meist erspart, aber diesen Rückstand holten sie später mehr als auf.

Kurztext für Überflieger: Der Höhepunkt des Mittelalters war erreicht, sobald Christen nicht mehr als Andersgläubige verbrannt wurden, sondern selber Andersgläubige verbrannten.

29.
Deutsches Leben im Hochmittelalter

»Die Kultur eines Volkes richtet sich nach dem Verbrauch von Seife.«
Martin Buber

In der zweiten Hälfte des Mittelalters hatten die deutschen Völkerstämme soviel Kultur eingeführt, daß selbst *Tacitus* (= Lieblingsrömer der Lateinlehrer) beeindruckt gewesen wäre. In den Fenstern von immer größeren Kirchen gab es nicht nur Glas, sondern die Architekten hatten den *romanischen Baustil* (= gedrungene Gebäude mit runden Fensterbögen) für unmodern erklärt. Jeder, der etwas auf sich hielt und bauen konnte, baute jetzt *gotisch* (= aufragende Gebäude mit spitzen Fensterbögen). Mitte des 12. Jahrhunderts wurde in *Köln* (= 35 000 Einwohner) mit dem Bau eines *Doms* (= sehr große Kirche mit sehr schmalen Fenstern) begonnen. Obwohl Maurer und Steinmetze aus der ganzen damals bekannten Welt an den Rhein strömten, wurde der Dom erst sieben Jahrhunderte später fertig. Vermutlich gilt der Urheber dieser verzögerten Fertigstellung noch heute als Schutzheiliger des gesamten Baugewerbes.
In den meisten Klöstern wurden nach wie vor Bibeln abgeschrieben, aber in einem abgelegenen bayerischen Kloster verfaßten Mönche klammheimlich eine *Nibelungensage* (= unendliche Geschichte der Burgunder), die *Richard Wagner* (= Komponist; Sachse!) sehr viel später zu der Opernserie *»Ring des Nibelungen«* ausbaute.
Die unendlichen Wälder (= Versammlung von mehr als zehn Bäumen) waren von den Deutschen inzwischen

zum größten Teil abgeholzt. Bären und Wisente, Elche und Wölfe waren vor dem Lärm der Äxte geflohen. Wo es heute noch größere zusammenhängende Waldgebiete in Deutschland gibt, verdanken wir sie dem Adel.

Viele Fürsten töteten mit Begeisterung in freier Natur lebende Tiere. Damit nicht auch noch das *Rotwild* (= Hirsche und Rehe, erst später Kommunisten) sowie das sensible Wildschwein ihre Lebensräume verloren, verbot der Adel die *Rodung* (= Umweltzerstörung) bestimmter Waldgebiete.

Im 14. Jahrhundert gab es schon etwa zwölf Millionen *Deutsche* (= Angehöriger deutsch genannter Stämme). Etwa zehn Prozent von ihnen lebten in meist kleinen Städten, aber manche Städte waren schon so mächtig, daß die Herzöge dort wenig Einfluß hatten. Kaufleute der Hanse brachten in *Fuhrwerken* (= 5 km/h) immer mehr Gewürze und Stoffe sowie Gold und Edelstein in die immer reicher werdenden deutschen Stammesgebiete, wobei die Verteilung des Geldes schon wie heute geregelt war.

Es gab wenige Könige, Adlige, Grundherren sowie Kaufleute, die sehr viel Geld hatten, und es gab sehr viele Hörige und Schwer-Hörige, die sehr wenig oder gar kein Geld hatten.

Seife allerdings war für alle völlig unwichtig. In ein Badehaus ging ein richtiger Deutscher damals nur, wenn er sich vergnügen wollte und die Wirtshäuser zu überfüllt waren.

Kurztext für Überflieger: Im Hochmittelalter hatten die Deutschen den größten Teil der römischen Kultur nicht nur einfach übernommen, sondern sogar weiterentwikkelt. Nur mit dem römischen Bäderwesen wußten sie nichts anzufangen.

30.
Die Kreuzzüge, die Pest und das Ende des Mittelalters

»Lasset uns ausziehen,
und der Herr wird mit uns sein.«
Papst Urban II.

Insgesamt gesehen hatte sich die Lebensqualität zwischen dem 10. und 14. Jahrhundert in den deutschen Landen so verbessert, daß sich ein tüchtiger Schuster oder Bäcker von heute dort ohne Probleme einfügen könnte, obwohl es in den Häusern fließend Wasser nur an den Wänden und Zentralheizungen nirgends gab. Die Reichen der Römer wohnten besser. Auf den Straßen in den deutschen Landen standen die *Fäkalien* (= mittelhochdeutsch: Schieße) nach wie vor bis zu den Knöcheln, aber derlei hätte zumindest den Schuster nicht gestört. Er hätte sich einfach ein Paar Stiefel angefertigt. An den Grenzen zu den Nachbarn gab es wenig Schwierigkeiten. Nur den Böhmen, Ungarn und Polen war ein Fehler unterlaufen. Sie hatten deutsche Bauern in ihre Länder gebeten, damit sie dort bei den Rodungsarbeiten halfen und die Felder bepflanzten. Dabei machten unsere östlichen Nachbarn als erste Europäer die schmerzliche Erfahrung, daß man Gastarbeiter nur sehr schwer wieder loswird, sind sie erst mal im Lande.

Wenn diese insgesamt glückliche Periode deutscher Geschichte gestört wurde, dann durch den aberwitzigen

Wunsch des Papstes Urban II., das Oströmische mit dem Weströmischen Reich zu vereinen und dabei gleichzeitig Palästina zu *befreien* (= erobern), das sich eigentlich unter den Moslems nicht unfreier fühlte als zur Zeit der römischen Besetzung.

Selbstverständlich war jedem halbwegs vernünftigen Deutschen schon damals ziemlich egal, was im Oströmischen Reich los war oder in Jerusalem. Zwar pilgerten regelmäßig so viele Christen ins Heilige Land, daß auf den Straßen Richtung Süden zeitweilig so viel los war wie heute auf der *Autoput* (= Pilgerstraße türkischer Gastarbeiter), aber sofern sie auf ihrer Reise nicht umgebracht wurden, kamen die christlichen Pilger wie jeder Tourist irgendwann wieder nach Hause. Von einer Wiedervereinigungshysterie konnte keine Rede sein. Sie mußte auch damals erst hergestellt werden.

Als der Papst und seine Propagandaabteilung immer erregter die Not der unfreien Christen und ihre Unterdrückung durch die *Mohammedaner* (= Islamgläubige; Koran statt Bibel) von allen *Kanzeln* (= Rednerpult in Kirchen) schilderten, setzte sich schließlich zuerst der Pöbel der Westfranken in Bewegung, der so dumm war, daß er Mohammedaner nicht von Juden unterscheiden konnte. Ein riesiger Troß von Freien und Hörigen wälzte sich von Westfranken zuerst nach Ostfranken und brachte zuerst die Juden in den Städten um. Dann zog er weiter Richtung Jerusalem, wo die Oströmer und Moslems gegen jede Art von Wiedervereinigung waren. Wie meist, wenn damals irgendwohin losmarschiert wurde, marschierten viele Deutsche mit, aber das nützte nicht viel. Der erste *Kreuzzug* (= Heiliger Krieg der Christen) wurde zu einem ziemlichen Mißerfolg.

Erst als christliche Könige und Herzöge ihre bewährten Ritter in Marsch setzten, konnte Jerusalem wenigstens zeitweilig erobert werden. Letztlich aber schlugen die Mohammedaner auch die Ritter zurück.

Ein 1212 unternommener Kinderkreuzzug vermochte das so schmerzlich geteilte große Römische Reich nicht wiederzuvereinigen, weil die frommen Kinder das Heilige Land nie erreichten. Sie wurden von geschäftlich erfolgreichen Reedern statt dessen auf Sklavenmärkte nach Alexandrien gebracht, wo eine junge Christin damals etwa soviel wert war wie heute eine junge Thai, Philippina oder Tschechin in der Bundesrepublik.

Hatte schon die Vernichtung eines großen Teils der jüdischen Stadtbevölkerung das wirtschaftliche und kulturelle Leben in den deutschen Landen stark geschädigt, brach es danach in vielen Gegenden Mitteleuropas völlig zusammen, als mit Handelsschiffen und den Schiffen der Kreuzfahrer die *Pest* (= Aids des Mittelalters) nach Mitteleuropa gebracht wurde.

Diese Seuche wurde nicht nur durch sexuelle Kontakte übertragen, sondern zusätzlich durch Rattenflöhe, die genauso weit verbreitet waren. Jeder, der von einem Kranken berührt oder von ihm angehustet wurde, wer auch seine Kleidung berührte oder das Bett und den Eßnapf mit ihm teilte, erkrankte meist und überlebte selten.

Daß es Bakterien und Viren gibt, war im Mittelalter noch völlig unbekannt. Krankheiten galten als Strafe Gottes für ein sündiges Leben.

Jene, die Juden besonders viel Geld schuldeten, behaupteten, ihre Gläubiger hätten die Brunnen vergiftet. Daß auch Juden an der Pest starben, nahm ein frommer

Christ nicht zur Kenntnis. Er brachte lieber noch mehr Juden um, die sich der Verfolgung während der Kreuzzüge hatten entziehen können. Auf diese Weise wurden zwar viele Christen schuldenfrei, aber das änderte an der Seuche nichts. Als immer mehr Menschen an ihr starben, gerieten auch bisher für mittelalterliche Verhältnisse Vernünftige in immer größer werdende Panik.

Wer erkrankte, wurde fluchtartig verlassen. Wirtshäuser, Hurenhäuser und Badehäuser (besonders welche mit Dunkelräumen) wurden geschlossen. Frauen verließen ihre Männer und Kinder. Männer verließen ihre Familien. Adlige flüchteten in ihre abgelegensten Besitztümer. *Geißler* (= Sado-Masos) zogen mit freiem Oberkörper durch die deutschen Lande und schlugen sich gegenseitig den Rücken blutig, weil sie hofften, ihren Gott dadurch so mitleidig zu stimmen, daß er die Seuche wieder von ihnen nahm.

Um den jeweiligen Kaiser des Heiligen Römischen Reiches hatte sich schon vorher kaum noch jemand gekümmert.

Jetzt kümmerten sich auch nur noch wenige um die Felder, Läden und Werkstätten. Viele Städte und Dörfer verkamen.

Kurztext für Überflieger: Wenn es im Hochmittelalter trotz des Verfalls der Zentralgewalt so etwas wie ein *Deutschland, einig Vaterland* gegeben haben sollte, zerfiel dasselbe spätestens mit Beginn der Pestepidemie 1347 in sämtliche Einzelteile. In manchen zuvor blühenden Klöstern lebte nur noch ein einziger Mönch, der vom Wahnsinn befallen durch die gotischen Gewölbe lief und sogar das Mittelalter nirgends mehr finden konnte.

TEIL III:

UNSERE VOR-VORFAHREN IN DER FRÜHEN NEUZEIT

31. Ein neues Zeitalter bringt neue Katastrophen

»O Jahrhundert! O Wissenschaften! Es ist eine Lust zu leben.«
Ulrich von Hutten

Die große Schwierigkeit der Historiker besteht darin, daß der Beginn eines neuen Zeitalters a) niemals überall zur selben Zeit stattfindet und b) nicht vernünftig bekanntgegeben wird, wie z. B. die Umstellung von der Winterzeit zur Sommerzeit. Was das Ende des Mittelalters betrifft, besteht diesbezüglich besonders große Unsicherheit.

Manche behaupten, es hörte mit der Vereinigung *Konstantinopels* (= z. Zt. Istanbul) mit dem Reich der Türken auf. Andere halten die *Renaissance* (= Sehnsucht nach der guten alten Zeit der Griechen und Römer) für den Beginn der Neuzeit. Manche meinen, der Startschuß in die Neuzeit sei unverzüglich abgefeuert worden, nachdem der Mönch Berthold Schwarz im 14. Jahrhundert das Schießpulver wiederentdeckte bzw. Johannes Gutenberg im 15. Jahrhundert darauf kam, daß man Buchstaben nicht mühsam abmalen mußte, sondern auch mit Hilfe einzelner *Lettern* (= Holzstempel) drucken kann.

Viele sind sogar der Überzeugung, das Mittelalter habe noch immer nicht aufgehört, weil manche noch immer bzw. erneut an Götter, Geister und Hexen glauben sowie Ausländerwohnheime anzünden bzw. mit *Baseballschlägern* (= Keule des Industriezeitalters) jedem hinterherrennen, der nur laut genug »mir nach« ruft.

Wotans Hammer schlägt erstmal kräftig dazwischen und stellt kurz und knapp fest, daß a) jede Katastrophe grundsätzlich mehrere Ursachen hat, b) Veränderungen immer nur von jenen als Katastrophe betrachtet werden, denen sie mehr Nachteile als Vorteile bringen sowie c) jeder, der heute noch mit einer Keule losläuft, das Ende des Mittelalters verschlafen hat.
Auch wenn manche mittelalterliche *Sitte* (= für deren Gegner: Unsitte!) in vom frischen Wind der Veränderung geschützten Winkeln und Ecken bis in die Gegenwart überdauern konnte, hat das Mittelalter inzwischen zweifellos aufgehört.

Kurztext für Überflieger: Perioden der Geschichte enden wie Ehen: ganz langsam. Und dann ist auf einmal alles plötzlich ganz anders.

32.
Die Habsburger oder Eine Landkarte wird besichtigt

»In unserer Zeit nennen wir Deutschland alles, was die deutsche Sprache gebraucht.«
Sebastian Münster, 1544

Sehr zu Recht haben wir Kaiser Barbarossa im 12. Jahrhundert in seiner Kyffhäuserhöhle abgestellt und uns danach um die Kaiser und Könige nicht sonderlich gekümmert. Die deutschen Fürsten und Herzöge ließen sich von ihnen selten in *ihre Angelegenheiten* (= bei Fürsten immer: die ihrer Untertanen) hereinreden.

Im 14. Jahrhundert wurde in der *Goldenen Bulle* (= Urkunde mit Goldsiegel; kein Rind!) festgelegt, wer zur Wahl des deutschen Königs berechtigt sein sollte. Selbstverständlich wurden diese Wähler von den Kaiserkandidaten durch *Wahlversprechen* (= Geld und Land; heute Ministerien) bestochen. Die Krone wanderte immer zum Meistbietenden. 1437 gewann bei diesem Machtdeal Albrecht II. von Habsburg, der schon vorher König von *Böhmen* (= z. Zt. Tschechien) geworden war. Danach blieb der auf dem Kopf zu tragende Wanderpokal des Heiligen Römischen Reiches – mit einigen Unterbrechungen – bis zum Anfang des 18. Jahrhunderts im Geldschrank seiner Familie.
Wie jedes Herrschergeschlecht wollten auch die Habsburger so viele Länder wie möglich unter ihrer Leitung vereinigen. Die üblichen Vereinigungsmethoden waren damals a) der Krieg, b) die Eheschließung mit einer anderen Herrscherin, was zur sofortigen Vereinigung auch der Ländereien führte.
Die Familie Habsburg war in beiden Methoden sehr tüchtig. Im 16. Jahrhundert hatten sie *Burgund* (= z. Zt. Frankreich), *Spanien, Böhmen* sowie die *deutschen Ländereien* mit ihrem Hauptwohnsitz *Österreich* (= kleines Herzogtum hinter Bayern) vereinigt. Was wir zur Zeit Deutschland nennen, war in zahlreiche deutsche Königreiche, Herzogtümer und Fürstentümer sowie Freie Städte aufgeteilt, die gleichfalls ständig miteinander vereinigt oder schmerzlich getrennt wurden. Nicht selten auch spielten Herrscher um eine Stadt, und wenn einer beim *Knobeln* verlor, mußten seine bisherigen Untertanen ihre Abgaben bis auf weiteres an ihren glücklichen Gewinner zahlen.

Nur einigen Stämmen der Alemannen, die man Eidgenossen nannte, weil sie sich ständig gegenseitig ewige Treue schworen, gelang es, sich unauffällig aus dem Reich der Habsburger abzuseilen, als sie sogar deren Hüte auf Stangen grüßen sollten, was die Apfelmusherstellung erleichterte.
In den *hohlen Gassen* (= sehr enge Eingänge in sehr enge Täler) konnten die sperrigen Ritter der Habsburger schlecht wenden. Die *Eidgenossen* (z. Zt. Schweizer) kämpften zu Fuß und verfügten schon über Schußwaffen. Franzosen hatten ihnen im Tausch gegen *Schweizer Käse* (= vor der Swatch die einzige Erfindung der Eidgenossen) *Arkebusen* (= Hakenbüchsen) geliefert, deren Kugeln eine Ritterrüstung so wenig widerstand wie einem guten Büchsenöffner. Zusätzlich schossen die Alpenbauern mit ihren *Armbrüsten* (= Waffen für Männer) um die Wette auf *Landvögte* (= Statthalter der Habsburger). Noch heute werden sie von vielen darum beneidet, daß sie so klug waren, sich schon so früh aus der deutschen Geschichte zu entfernen.

Kurztext für Überflieger: Abgesehen davon, daß es bei Beginn der Neuzeit zwar Deutsche gab, aber noch kein Deutschland, waren die Landkarten schon damals so unzuverlässig wie sie heute wieder sind, weil die Straßenbauer dauernd die Kartographen überholen.

33.
Krise in der Landwirtschaft und keine Subventionen

»Dümmer zu scheinen, als man ist – darin besteht die bäuerliche Taktik. Beim Städter ist es umgekehrt.«
Thomas Niederreuther

Was immer man der Pest auch vorwerfen kann, damals waren Seuchen noch gerecht. Der Pest dürfte es im 14. Jahrhundert als einziger völlig gleichgültig gewesen sein, ob jemand Adliger war oder nicht, ob er als Grundherr Land besaß oder als unfreier Bauer täglich vierzehn Stunden darauf arbeiten mußte. Ob er auf dem Lande lebte oder in einer Stadt. Sie war nicht wählerisch. Insgesamt starben an ihr und den Hungersnöten im 14. Jahrhundert in den deutschen Landen etwa fünf Millionen Menschen, ein Drittel der Bevölkerung.
90 Prozent der Deutschen lebte im 14. Jahrhundert noch auf dem Lande, wo sich der Verlust von zirka viereinhalb Millionen *Arbeitskräften* (= Pestopfer ohne Grundeigentum) verheerend auswirkte.
Die Grundherren besaßen zwar nach wie vor das Land, und wenn einer an der Seuche gestorben war, übernahm es sein Erbe. Es gab nur nach der Pest viel weniger Hörige und Schwer-Hörige, die auf den Feldern arbeiteten sowie Lebensmittel benötigten, weil sich Arbeitskraft und Hunger nicht vererben lassen. War vor der Verbreitung der Seuche gutes Ackerland knapp gewesen, konnten danach immer mehr Felder nicht mehr bewirtschaftet werden, weil es zu wenig Personal gab.
Dies bereitete den Fronherren erhebliche Schwierigkei-

ten. Obwohl sie mit allen Mitteln versuchten, *unfreie Bauern* (= inzwischen »Leibeigene« genannt) auf ihren Feldern anzubinden, lag in manchen Gegenden fast die Hälfte der Höfe und Dörfer brach. Der Wald sowie Wisente, Bären und Wölfe eroberten das verlassene Land so schnell wieder zurück, wie sie das wohl auch nach dem Aussterben des Menschen wieder schaffen werden. Wo Höfe weiter bewirtschaftet wurden, konnte der Grundherr für die Abgaben »seiner« Bauern infolge der durch *Deflation* (= Gegenteil unserer derzeitigen Inflation) gefallenen Lebensmittelpreise nur noch geringe Einnahmen erzielen.
Eine halbwegs brauchbare Turnierausrüstung kostete im Jahr 1500 aber nach wie vor etwa den Gegenwert von drei großen Bauernhöfen, was vielen Grundherren ein *standesgemäßes Leben* (= keine Arbeit; nur Ritterspiele) unmöglich machte.
Selbstverständlich versuchten die Grundherren, die Abgaben und Frondienste »ihrer« Bauern zu erhöhen und sie daran zu hindern, sich einen anderen Leibeigentümer zu suchen, aber das hatte seine Grenzen. *Völlig verhungern lassen* (= falsche Personalentscheidung) konnte ein Agrarunternehmer seine lieben Mitarbeiter schon damals nicht.
Viele Ritter mit kleinerem Grundbesitz wurden unter diesen Umständen jetzt zu *armen Rittern* (= heute Süßspeise). Immer mehr gepanzerte Helden machten ihren *Laden* (= kümmerliche Burg) einfach zu und wurden *Raubritter* (= Freiberufler), die sich auf eigene Faust durch die frühe Neuzeit schlugen und zur Zeit der Bauernkriege sogar einen Aufstand riskierten, obwohl sich so was eigentlich gewöhnlich nur für das niedere Volk (= Fußgänger ohne Pferde) gehörte.

Kurztext für Überflieger: Wer von der Landwirtschaft nicht mehr *standesgemäß* (= Turnierausrüstung, heute Mercedes Diesel) leben kann, wird zu einer Gefahr für alle. Die *Subventionen* (= Sozialhilfe für Unternehmer) beweisen, daß sich unsere Landwirtschaftsminister und die Beamten der EU wenigstens in der Geschichte einigermaßen auskennen.

34. Martin Luther oder Ein Mönch als Systemveränderer

»Sobald das Geld im Kasten klingt, die Seele aus dem Fegfeuer springt.«
Johann Tetzel

Inzwischen hatte sich die katholische Sorte des Christentums in Mitteleuropa durchgesetzt. Nach wie vor verfolgte die Kirche jede Abweichung von ihrer Parteilinie so unerbittlich wie später *Hitler* und *Stalin* (= Päpste der Nazis bzw. Kommunisten). Wer Zweifel an der Richtigkeit der Anweisungen aus Rom zu äußern wagte, wurde zum *Ketzer* (= Grillfleisch) erklärt und verbrannt.
Jan Hus, ein böhmischer Unirektor, war kein Einzelfall. Als er Kritik an der »reinen« Lehre des Papstes äußerte, wurde er unter Zusicherung *freien Geleits* (= Ausreisevisum) nach Konstanz gelockt, ausgefragt und dann zwecks Rettung seiner Seele den Feueranzündern übergeben.
Bei der nächsten *Abweichung* (= für Papstanhänger: Abirrung) von der reinen katholischen Lehre gelang das nicht mehr, weil in der *Welt* (= Umgebung Deutschlands) inzwischen zuviel passiert war.

Kurz vor Ende des 15. Jahrhunderts hatte ein gewisser Christoph Kolumbus bewiesen, daß die Erde tatsächlich eine Kugel war, was die katholische Kirche nachdrücklich bestritten hatte. Seit der Entdeckung *Amerikas* (= für Kolumbus: Indien) brachten immer mehr Segelschiffe völlig neue und *meist gefährliche Produkte* (= Tabak, Kartoffeln, Coca-Cola) sowie alte gefährliche Produkte (= Gold und Silber) nach Europa, was erste Zweifel an der Richtigkeit des *Weltbildes* (= immer falsche Vorstellung) der Kirche unter den *Gebildeten* (= zum Lesen und Schreiben Fähigen) aufkommen ließ.
Entscheidender für das Unbehagen an der katholischen Sorte des Christentums dürfte aber der Umstand gewesen sein, daß der Papst und sein Hofstaat, der geistliche Adel, die Bischöfe und Äbte sowie ihr kirchlicher Beamtenapparat immer mehr Geld aus dem Volke herauspreßten, um ihren immer *aufwendigeren Lifestyle* (= Tiaras, Mitras, Juwelen, Haushälterinnen sowie Designerfummel mit Nerz und Hermelin) zu finanzieren. So was macht jedes Volk äußerst mißtrauisch.
Obwohl selbst ein sehr gieriger Erzbischof oder Fürst nicht jene 53 Prozent Abgaben zu fordern gewagt hätte, die unser Finanzminister heute selbst einem kleinen Arzt oder Schriftsteller abnimmt, stöhnte das Volk unter dem immer größer werdenden Geldbedarf seiner weltlichen und geistlichen Obrigkeit.
Als dann auch noch der Bau des *Petersdoms* (= eine Art neues Bundestagsgebäude für den Papst) beschlossen wurde, griff der Vatikan wie unser Finanzminister mit zusätzlichen Methoden in die Tasche der Christen.
Durch *Ablaßzahlungen* (= Vorläufer des Bußgeldbescheids) sollten Christen ihre Seele so vor dem Fegefeuer

retten wie heute Autofahrer ihren Führerschein vor dem Amtsgericht. Wie der Verkehrsminister erließ die Kirche dauernd neue Vorschriften, deren Übertretung kaum zu vermeiden war und immer teurer wurde.
Im Jahre 1517 nahm der katholische Mönch Martinus Luther allen Mut zusammen und predigte in seiner Kirche zu Wittenberg, daß der Papst ein Mensch wie jeder andere sei und sich folglich auch irren könne. Daß für einen guten Platz im Himmel schon auf Erden Eintrittsgelder bezahlt werden müßten, bestritt Luther ebenso, wie er das päpstliche Heiratsverbot für Mönche und Priester anzweifelte.
Schlimmer noch! Er erinnerte daran, daß Christus bei der christlichen Nächstenliebe keinesfalls an die Liebe zur nächsten und immer teueren *Mätresse* der Päpste und Bischöfe gedacht hatte.
Diese Kritik an der Kirche, die Luther in Form von *95 Thesen* an die Tür seiner Kirche genagelt haben soll, verbreitete sich *mit rasender Geschwindigkeit* (= damals etwa zwei Jahre) in den Städten und Landen der Deutschen. Die neu entdeckte Kunst des Buchdrucks trug wesentlich dazu bei. Martin Luther verfaßte neben Plakaten auch *Traktate* (= Werbedrucksachen für Religion), die von Hand zu Hand gingen und in den Wirtshäusern verstanden wurden, wenn sie jemand vorlas. Sie waren nicht mehr in Latein, der Geheimsprache der Römer, Päpste und Ärzte abgefaßt, sondern in einem frühen Deutsch, das Luther später aufpolierte.
Selbstverständlich wollten sich der Papst und sein *Transi-Team* (= Männer, die Röcke tragen; Cross-Dressing!) mit ihren üblichen Methoden gegen diesen neuen Ketzer wehren, aber das funktionierte in diesem Falle nicht.

Auch wenn Luther von der Kirche *exkommuniziert* (= rausgeschmissen) und von Kaiser Karl V. als *vogelfrei* (= von jedem totzuschlagen) erklärt wurde – von Anweisungen ihrer Kaiser hatten die Herren deutscher Ländereien nie besonders viel gehalten. Der sächsische Kurfürst gewährte seinem aufsässigen Prediger auf der Wartburg Asyl. Dort übersetzte Luther als erstes das *Neue Testament* (= Fortsetzungsband zum Alten) ins Deutsche und warf Tintenfässer nach dem Teufel, deren Spuren noch heute an den Wänden der *Wartburg* besichtigt werden können, weil sie ständig erneuert werden.

Kurztext für Überflieger: Auch wenn Martin Luther die Nonne Katharina Bora heiratete, sechs Kinder zeugte und unter dem falschen Namen Junker Jörg von seinem Fürsten Sozialhilfe kassierte: Wenigstens der erste Asylant der deutschen Geschichte war kein Scheinasylant. Wenn ihm Friedrich der Weise (!) kein Asyl gewährt hätte, wäre er zweifellos als Ketzer verbrannt worden.

35.
Amateure gegen Profis – Der große Irrtum deutscher Bauern

»Sorry, aber so hab' ich das nun wirklich nicht gemeint.«
Frei nach Martin Luther

Wie immer, wenn alte Zustände von vielen als unerträglich empfunden werden, breiteten sich die neuen Gedanken Luthers immer rascher aus. Zuerst wurden in Wittenberg Priester daran gehindert, ihren gewohnten Gottesdienst mit Beichte und *Abendmahl* (= symbolischer Verzehr von Blut und Leib des HERRN; geistiger Kannibalismus!) abzuhalten, wenig später auch in anderen deutschen Landen.

Nonnen (= Klosterfrauen) und *Mönche* (= Klostermänner) verließen in Massen die Klöster, um frei von den Vorschriften der Kirche und ihrer Äbte zu leben und vor allem zu heiraten.

Bürger und Bauern ließen sich nicht mehr bei der Beichte von Priestern verhören und zahlten ihre Bußgelder nicht mehr.

Überall im Lande wurden von Predigern Luthers Ansichten über die Freiheit eines *Christenmenschen* (= getaufte Menschen; keine Wotan-Fans!) verkündet, und die Bauern hörten offensichtlich besonders gut zu.

Die Folgen der Pest waren noch nicht überwunden. Die Grundherren erhöhten ständig die Abgaben und Frondienste der Bauern, aus denen das deutsche Volk noch zu vier Fünfteln bestand. Doch wenigstens eine Erinnerung an die Zeiten Wotans hatte in vielen deutschen Köpfen überlebt.

Bei den Germanen, flüsterten viele in den Schänken, haben der Wald und die Wiesen, die Heide und das Moor einmal allen gehört, und die Bauern waren weder hörig gewesen noch versklavt. Sie waren freie Menschen gewesen, deren Herzöge zwar vor dem Heer zogen, aber ansonsten arbeiteten wie andere Menschen auch.

»Ein Christenmensch ist ein freier Herr aller Dinge«, hatte Martin Luther geschrieben, »und niemandem untertan.«

Vermutet mögen das die Bauern immer haben. Jetzt, wo das sogar ein Studierter, ein sogar von seinem Fürsten geschätzter Priester bestätigte, wagten sie, ihrem eigenen Kopf zu trauen.

Nur etwas eigenes Land wollten die Bauern, das sie gemeinsam wie zur Zeit Wotans bewirtschaften konnten und von dessen Ernte sie ein bißchen besser leben konnten. Jegliche Leibeigenschaft sollte aufhören, und ihre Pfarrer wollten die Bauern auch selber wählen dürfen. Die Fürsten lehnten diese höfliche Bitte empört ab, und daraufhin begannen zuerst in Süddeutschland Bauernaufstände, die sich bald nach Franken, Thüringen und Sachsen ausbreiteten.

Wütend zogen Bauern in immer größer werdenden Gruppen durchs Land und fackelten Burgen, Schlösser und Klöster ab. Verarmte Ritter wie Florian Geyer und *Götz von Berlichingen* (= von Goethe gemein verleumdet!) traten an die Seite von Bauernführern wie Thomas Müntzer und versuchten, den Bauern in Schnellkursen einigermaßen beizubringen, wie man Krieg führt. Anfangs erzielten einige Bauernheere sogar *beachtliche Erfolge* (= viele Tote) mit Hilfe ihrer *Dreschflegel, Sicheln und Morgensterne* (= Bauernwaffen) und eroberten sogar *Geschütze und Hinterlader* (= Profiwaffen) der fürstlichen Landsknechte, aber dann erklärte Martin Luther höchst erschrocken, daß ihn die Bauern völlig falsch verstanden hatten.

Nicht die *weltliche Herrschaft* (= die von Fürsten usw.) hatte er gemeint, als er von der Freiheit des Christenmenschen gesprochen hatte, sondern immer nur die *geistliche* (= die von Kirchenhäuptlingen usw.).

Damit war das Ende des Bauernaufstandes besiegelt.

Wenn selbst Martin Luther dagegen war, hatte das Ganze nun wirklich keinen Zweck. Zwar leisteten viele Bauernbünde verzweifelt Widerstand, als die gut ausgerüsteten Truppen der Fürsten die *Ordnung* (= immer die der jeweils Herrschenden!) wiederherstellten, aber wie immer in solchen Fällen setzten sich die Profis schließlich durch. Die Bauernaufstände wurden niedergeschlagen und ihre Anführer und Teilnehmer noch jahrelang verfolgt, gefoltert und getötet.
Hunderttausend Bauern kamen bei diesen Aufständen ums Leben, und wer überlebt hatte, dem wurde meist abgenommen, was er besaß.
Wiederholen sollte sich derlei nicht. Von nun an bezahlte die Obrigkeit *Spitzel* (= Informelle Mitarbeiter; Stasi), die ihr sofort berichteten, wenn Bauern unruhig wurden.
In den Druckereien durfte nur noch vervielfältigt werden, was der Fürst bzw. seine *Zensoren* (= Berufsleser) geprüft und genehmigt hatten.

Kurztext für Überflieger: Auch wenn es um Mord und Totschlag geht, sind die Profis den Amateuren grundsätzlich überlegen. Besonders, wenn die Amateure die Gebrauchsanweisungen anders verstehen, als sie gemeint sind, was grundsätzlich immer erst nachher festgestellt werden kann. Das gilt nicht nur für die Schriften Martin Luthers, sondern auch für die von Karl Marx.

36.
Die Erfindung des frühkapitalistischen Verlagssystems

»Das Vermögen soll durch Mittel erworben werden, die von Unsittlichkeit frei sind.«
Marcus Tullius Cicero

Anfangs des 16. Jahrhunderts war die Zahl deutscher Städte immerhin schon auf etwa dreitausend angewachsen, aber bestenfalls fünfzehn davon hatten mehr als zehntausend Einwohner. Augsburg war mit mehr als zwanzigtausend Menschen zweifellos eine bedeutende deutsche Stadt.
Die *bahnbrechenden Erfindungen* (= transportable Uhr, transportable Handfeuerwaffen sowie transportable Brillen) des späten Mittelalters verschafften immer mehr Handwerkern ein so hohes Einkommen, daß sich manche schon drei *Porzellanteller* (= aus Asien; echt Meißen erst ab 1708!) leisten konnten. Trotzdem verloren viele ihre Selbständigkeit. Hatten sie zuvor meist nur auf Bestellung gearbeitet, gingen sie plötzlich dazu über, Uhren, Waffen und Brillen sowie Schmuck und Werkzeuge auf Vorrat herzustellen. Dafür benötigten sie Material, das sie selbst nicht bezahlen konnten. Reiche Kaufleute liehen ihnen nicht nur gern Geld, sondern kauften ihnen auch die fertigen Waren ab, um sie mit Gewinn weiterzuverkaufen. Das sogenannte »Verlagssystem« entstand, bei dem die Geldgeber den Preis der Rohmaterialien und Waren bestimmen konnten, weil die Handwerker ständig bei ihnen verschuldet waren.
Viele Meister, die noch stolz in den Zünften große Reden

schwangen, wenn sie genug *sauren Wein* (= deutschen! Damals noch ungezuckert) getrunken hatten, waren in Wirklichkeit längst abhängige Heimarbeiter, die das genausowenig gemerkt haben, wie heute viele Handwerker und Kaufleute merken, daß sie in Wirklichkeit längst *freiberufliche Angestellte von Banken* (= Kreditkunden) geworden sind.
Bereits im 15. Jahrhundert ruinierten Geldgeber blühende Unternehmen, indem sie zuvor großzügig gewährte Kredite zurückforderten, wann immer ihnen das als zweckmäßig erschien.
Johannes Gutenberg, der seine Druckerei auf diese Weise finanziert hatte, verlor sie an seinen Gläubiger in Mainz und war als *Greis* (= Grufti, jeder über 40) auf das Gnadenbrot angewiesen.

Kurztext für Überflieger: Seit der frühen Neuzeit bedeutet jede Kreditaufnahme einen Verlust an Unabhängigkeit. Schon der deutsche Erfinder des Buchdrucks war ein Opfer mittelstandsfeindlicher Wirtschaftspolitik.

37.
Das Bermuda-Dreieck der Familie Welser und die Fugger

> *»Ein fünfzehnjähriges Mädchen ist etwa sechs Dukaten wert, und ein junger Mann kostet etwa ebensoviel.«*
> Leo Africanus

Der nach der Entdeckung Amerikas und eines neuen Seewegs nach Indien immer umfangreicher werdende

Fernhandel ließ die Augsburger Familie *Fugger* (= bayerischer Name) zum *bedeutendsten* (= reichsten) Handelsunternehmen Europas aufsteigen.
Sie verdrängte die bisher führende Kaufmannsfamilie der *Medici* (= Venezianer; keine Ärzte!) aus deren Stellung und wurden der erste richtige *Handels-Multi* (= Wirtschaftspolyp mit Armen in vielen Ländern), der von Deutschland aus seine Geschäfte leitete.
Die Patrizierfamilie Welser entwickelte besonders im Speditionswesen für damalige Verhältnisse zukunftsweisende Unternehmerinitiative. Wie noch heute jeder Spediteur, vermied sie Leerfahrten ihrer Handelsschiffe, wo immer sie konnte, und entwickelte dafür ein noch heute genial erscheinendes Verfahren.
Sie ließ Schiffe in *europäischen Häfen* (= Genua, Hamburg, Antwerpen) mit ziemlich wertlosen Waren beladen, die in Afrika verkauft wurden. Mit dem Erlös dieses *Plunders* (= Glasperlen, Blechtrompeten, Sticker, Wundertüten für Neger) bezahlte sie Sklaven, die in Afrika auf arabischen Märkten vergleichsweise preiswert waren. Diese Sklaven wurden nach Amerika gebracht und dort verkauft, wobei der Gewinn aus dem Sklavenverkauf in hochwertige Produkte der »Neuen Welt« wie Silber, Gewürze usw. investiert wurde. Diese wurden nach Europa gebracht und verkauft, danach ging es wieder mit *Glasperlen* (= Modeschmuck) nach Afrika zum nächsten Kauf *schwarzen Elfenbeins* (= Negershopping).
Auch wenn gewöhnlich ein Drittel der Afrikaner den Seetransport nicht überlebte – die Plantageneigentümer in den Kolonien zahlten für die leibeigenen Arbeitskräfte gute Preise. Die in Amerika geborenen Menschen waren nicht genügend *belastbar* (= zur Ausbeutung geeignet).

Obgleich englische und französische Kaufleute nicht minder erfolgreich waren als die Welser – Vorfahren der jetzt in Amerika lebenden Schwarzen sind auch von Deutschen dorthin gebracht worden. Sklavenhandel war keineswegs ehrenrührig, und die Familie Welser war hoch angesehen. Jedenfalls bis zu ihrem Bankrott.
Die Familie Fugger hatte eine noch glücklichere Hand. Auch sie lieh Fürsten und sogar dem Kaiser immer mehr Geld, aber die Fugger verließen sich nicht so sehr auf die Darlehenszinsen, sondern auf zusätzliche, bessere Sicherheiten. Obgleich ein extra dafür nach Augsburg gerufener Pfarrer Zinsen von bis zu 5 Prozent für ausgesprochen christlich und mit keinerlei Fegefeuergefahr verbunden erklärt hatte, ließen sich die Fugger lieber das Recht zur Ausbeutung von Erzbergwerken und *Monopole* (= Verbot von Konkurrenz) beim Handel mit bestimmten Rohstoffen von ihren Darlehenskunden einräumen. Zeitweilig war der Handel mit den meisten Metallen ausschließlich in ihren Händen. Selbst Kaiser Karl V. hatte bei der Familie Fugger ständig sein Konto überzogen.
Zu allgemeinem Wohlstand in den Städten führte dieser Reichtum weniger Kaufleute allerdings nicht. Wie heute lag der größte Teil des Vermögens in sehr wenigen Händen, was sinnvoll erscheint. Die Armen haben nun einmal, das beweist ihre Armut, die Fähigkeit zum richtigen Umgang mit Geld nicht gelernt.

Kurztext für Überflieger: Im Gegensatz zum Sklavenhandel, der in Europa zur Zeit nur noch als Import von Frauen üblich ist, konnte sich das Verlagssystem im Buchhandel bis in die Gegenwart erhalten. Jeder *Gartenzwerg*

(= Kitsch), der heute zwischen Blumenbeeten grinst, ist ein Denkmal für die kleinen Kinder, die in den Erzbergwerken arbeiten mußten.

38.
Mit Daumenschrauben und glühenden Zangen – Hexen gesucht

»Die Hexen soll man töten, denn sie verüben Diebstahl, Ehebruch, Raub und Mord.«
Martin Luther

Im letzten Drittel des 15. Jahrhunderts begann man auch in Deutschland in größerem Umfang Menschen zu verfolgen, die der Hexerei beschuldigt wurden.
Wo an Gott geglaubt wurde, mußte zwangsläufig auch an Satan geglaubt werden, der schon in der Story von Adam und Eva in der *patriarchalischen* (= Macho-)Religion der Juden das weibliche Geschlecht als Werkzeug seiner Bestrebungen benutzt. Zweifellos hängt die Hexenverfolgung mit der Durchsetzung des Zölibats der Mönche und Priester zusammen, und die verdrängte Sexualität dürfte einer der Motoren der Schinderkarren gewesen sein, auf denen gequälte Unschuldige zum Scheiterhaufen transportiert wurden, wenn man sie nicht hinschleifte. Frustrierte Onanisten mögen mit dem Weib das Ziel ihrer ständigen Versuchungen verfolgt haben, aber das dürfte nicht die einzige Ursache für den Hexenwahn gewesen sein.
Auch Männer wurden der Hexerei bezichtigt, gefoltert und verbrannt, was darauf hindeutet, daß der Vorwurf der Hexerei auch ein bequemes Mittel war, gehaßte oder

beneidete Menschen auf ungefährliche Weise um das Leben zu bringen.

Wirtschaftliche Motive mögen ebenso eine Rolle gespielt haben wie das Bestreben, das alte Volkswissen über Abtreibung und Empfängnisverhütung auszurotten, vielleicht auch die Kenntnis von Rauschdrogen. Der Stechapfel fehlt noch heute in keiner guten Hexensalbe. Der Hexenwahn ebbte nach der Reformation keinesfalls ab, sondern erreichte um 1580 (nach dem Augsburger Frieden!) seinen Höhepunkt. Erst als in Mitteleuropa nicht mehr aus religiösen Gründen gefoltert wurde, sondern nur noch aus politischen, hörten die Hexenprozesse allmählich auf. Das besagt nicht, daß derlei nicht auch in unserem Land neu beginnen könnte, wenn die Voraussetzungen dafür gegeben wären.

Selbstverständlich müßten für künftige Hexenverfolgungen neue Bezeichnungen und neue Verfolgungsgründe erfunden werden, und auch ein *umweltverträglicher Scheiterhaufen* (= mit Euro-Kat) müßte entwickelt werden. Dazu wäre unsere Industrie zweifellos imstande. Wo ein Wille ist, ist immer ein Weg.

Kurztext für Überflieger: Hexenverfolgungen sind das Ergebnis des Zusammentreffens menschlichen *Aberglaubens* (= für Satanspriester: Glaubens), menschlicher Grausamkeit sowie Furcht der *Priester* (= Mullahs) vor Machtverlust.

39.
Die Reformation sowie die Gegenreformation

»Friede ist der Zeitraum des Betrügens zwischen zwei Zeiträumen des Kämpfens.«
Ambrose Bierce

Inzwischen hatten viele Fürsten begriffen, daß die von Luther und seinen Schülern gepredigte neue evangelische Sorte des Christentums tatsächlich ein Geschenk des HERRN für sie war. In den reichen Bischofsitzen und Klöstern mit riesigem Landbesitz sahen viele Fürsten inzwischen ebenso eine unerwünschte Konkurrenz wie in den zahllosen Mönchen, die durch die Städte und Dörfer wieselten und Geld für die Päpste einsammelten. Einzig und allein der *Wahrheit* (= Interpretation von Ereignissen) verpflichtet, wie Wotans Hammer nun einmal ist, muß er nunmehr die von der Propagandaabteilung der evangelischen Kirche verbreiteten Mythen und Legenden auf den Amboß legen. Wo immer ein Landesherr evangelisch wurde, enteignete er zuerst die Bistümer und Klöster seines Landes und riß sie sich unter den Nagel. Es bedeutete immer einen Machtzuwachs.
Da die von Rom eingesetzten Bischöfe bei den evangelischen Christen nichts mehr zu sagen hatten, wurden evangelische Landesfürsten zusätzlich zu Landesbischöfen. Als solche bezahlten sie aus dem ehemaligen Eigentum der katholischen Kirche die evangelischen Pfarrer und Lehrer. Da jetzt die von Luther übersetzte Bibel und sein *Katechismus* (= evangelische Ausführungsbestimmungen dazu) als alleinige Grundlage des Glaubens gal-

ten, sollten die Christen derlei künftig wenigstens ohne fremde Hilfe lesen können. Auch über die *Lehrer* (= Gehirnprogrammierer) bekamen die Landesherren Macht. Selbstverständlich gefiel dem Papst in Rom diese Entwicklung ganz und gar nicht.

Anfangs war der römisch-katholisch gebliebene Kaiser *Karl V.* (= echter Habsburger) zum Kummer des Papstes anderweitig beschäftigt, weil Frankreich sowie die Türkei Teile seines Reiches mit den ihrigen vereinigen wollten.

Aber sobald Karl diese *Vereinigungsversuche* (= viele Tote) abgewehrt hatte, eilte er nach Deutschland, um die evangelischen Fürsten wieder unter die Herrschaft des Papstes (sowie die eigene) zu bringen. Die evangelischen Fürsten protestierten dagegen so wütend, daß Luther-Fans noch heute *Protestanten* genannt werden. Es kam zu kriegerischen Auseinandersetzungen.

Eine Zeitlang wechselten die Bauern und Städter ihre Religion häufiger als das Hemd, aber schließlich ergab sich im Hinblick auf Glaubensfragen eine Teilung der deutschen Fürstentümer und Städte in zwei Gruppen.

Bei einem *Reichstag* (= Fürstenversammlung) in Augsburg wurde 1555 beschlossen, daß in Zukunft jeder Landesfürst entscheiden könne, ob er katholisch sein will oder evangelisch. Dieser Entscheidung hatte jeder der Untertanen zu folgen. Wer etwas anderes glauben wollte als sein Fürst, der sollte gefälligst dessen Land verlassen. Erneut wechselten viele Untertanen ihre Religion.

Kurztext für Überflieger: Der Augsburger Religionsfriede schwächte die Macht des Kaisers und der katholischen

Kirche über die deutschen Fürstentümer und Städte wesentlich. Der Süden blieb katholisch. Der Norden und die Mitte wurden weitgehend protestantisch. Diese einfache Regelung sorgte sechzig Jahre lang für Ruhe in Deutschland, die nach Ansicht mancher dort immer nur dann herrscht, wenn das Land vernünftig geteilt ist.

40.
Der Nachteil von Fenstern oder Der Dreißigjährige Krieg

»Der Krieg ernährt sich selbst.«
Marcus Porcius Cato

Was immer auch für den Fortschritt der Architektur sprechen mag – in der guten alten Zeit unter Wotan, als ihre Häuser keine Fenster hatten, hätte so was wie der Dreißigjährige Krieg den Germanen nie passieren können.
Man kann es drehen und schieben, wie man will, dieses erste große Blutbad der deutschen Geschichte begann nun mal mit einem Fenstersturz, der ohne a) mehrgeschossige Bauweise sowie b) ohne Fenster überhaupt nicht möglich gewesen wäre. Aber waren das überhaupt noch Germanen, die am 23. Mai 1618 zwei Beamte des *Erzherzogs Ferdinand* (= Habsburger) kurzerhand aus einem Fenster des *Hradschin* (= Burg in Prag) in den Burggraben warfen?
Ihre Vor-Vor-Vorfahren hatten sich mit vielen Völkerschaften des Römischen Reiches vermischt. Ihre Ur-Ur-Urgroßmütter waren von Hunnen vergewaltigt worden

oder von Awaren oder Türken. Ihre Ur-Ur-Urgroßväter hatten bei Kreuzzügen in Arabien vergewaltigt oder bei Raubzügen in die slawischen Länder des Ostens. Ihre Großmütter hatten den Strohsack mit dem Knecht aus Polen geteilt und die Großväter mit der Magd aus Prussen – Nein! Germanen waren diese Evangelischen bestimmt nicht mehr, die da zwei Katholiken aus dem Fenster warfen. Es waren einfach Menschen, die sich vom katholischen König ihren evangelischen Kirchentag in Prag nicht verbieten lassen wollten. Danach ergab sich eine Schlacht aus der anderen.

Der katholische König Böhmens wurde von dessen evangelischen Ständen durch einen evangelischen Kurfürsten aus der Pfalz ersetzt. Der katholische Kaiser vertrieb diesen Protestanten mit Hilfe eines Heeres der *Katholischen Liga* (= Verein katholischer deutscher Fürsten). Als dieses Heer, begleitet von einer etwa 100 000 Mann starken *Söldnerarmee* (= freischaffende Kriegskünstler) unter Führung *Wallensteins* (= unabhängiger Kriegsunternehmer) immer weiter in den protestantischen Norden Deutschlands vordrang, wurden erst die Dänen nervös und dann die Schweden. Ihre Heere griffen in den Krieg ein, später auch das katholische Frankreich, das sich mit den evangelischen Schweden verbündete.

Dreißig Jahre lang plünderten und mordeten die Söldner bei Protestanten genauso wie bei Katholiken. Sie kämpften für Sold und Beute, raubten Dörfer und Städte aus und zogen weiter, wenn es nichts mehr zu plündern oder zu morden gab.

Ob der Bauer, dessen Hof sie anzündeten, evangelisch war oder katholisch, kümmerte sie dabei einen Dreck.

Als 1648 der Westfälische Friede geschlossen wurde, hatte keine der beiden Seiten gesiegt. Deutschland allerdings lag zum erstenmal in Schutt und Asche. Ein Viertel der Deutschen war tot. Der Rest hungerte und litt unter Seuchen.

Kurztext für Überflieger: »War is good for nothing.« (Frankie goes to Hollywood)

TEIL IV:

UNSERE VOR-VORFAHREN IN DER MITTLEREN NEUZEIT

41. Der Westfälische Friede – Jede Menge deutscher Staaten

»Ich wollte das Vaterland küssen,
aber ich weiß nicht, wo sein Kopf ist.«
Miodrag Bulatovic

Es war vergleichsweise einfach gewesen, den Dreißigjährigen Krieg zu beginnen, aber es erforderte erhebliche Mühe, ihn *vernünftig* (= bis zum nächsten Krieg) zu beenden.

Schon 1644, als noch gekämpft wurde, reisten die ersten Delegationen aus ganz Europa mit a) großem Gefolge, b) großem Pomp sowie c) Unmengen von Händlern, Malern und Kupferstechern sowie Prostituierten ins katholische *Münster* und ins evangelische *Osnabrück* (= z. Zt. Bundesrepublik Deutschland), um während zweier Langzeitpartys die Grundlagen für ein möglichst dauerhaftes friedliches Zusammenleben in Europa zu schaffen.

Schon die Vorbereitung der Königs-, Fürsten- sowie Diplomatenfete stellte hohe Anforderungen an die Diplomatie und vor allem die Gastronomie, weil die Deutschen einen der wichtigsten Züge in die Neuzeit verpaßt hatten.

Schweden sowie Frankreich waren längst Großmächte, in denen jeweils *eine* Königin bzw. *ein* König mit Hilfe ihrer Berater das ganze Reich a) im Falle Schweden regierte sowie b) im Falle Frankreich ruinierte.

Damit verglichen war das Heilige Römische Reich Deutscher Nation eine höchst altmodische sowie fragwürdige Angelegenheit.

Es war a) bei Ende des Dreißigjährigen Krieges weitgehend eine Trümmerlandschaft, b) ein aus nahezu 1800 selbständigen Ländern und Ländchen bestehender Flikkenteppich, dessen Kaiser *Ferdinand II.* (= Habsburger; Österreicher) c) dort wenig zu sagen hatte.
Selbstverständlich bestanden die gegenüber dem Kaiser vor allem auf der Wahrung ihrer Interessen bedachten deutschen Fürsten, Landesherren und Reichsstädte darauf, sämtlich an den Friedensverhandlungen teilzunehmen. Wenn deren Vorbereitung zwei Jahre dauerte, dann wohl vor allem deshalb, weil zuerst geklärt werden mußte, welchen Rang jeder der vielen deutschen Landesherren hatte, mit welchen Titeln er angesprochen werden mußte und wann er an der Reihe war, das Wort zu ergreifen.
Die eigentlichen Ergebnisse der Konferenz kamen dagegen vergleichsweise schnell zustande.
An Schweden mußten Vorpommern sowie andere norddeutsche Ländereien abgetreten werden, und der schwedische König wurde Mitglied des deutschen Reichstags.
Frankreich riß sich weitere Ländereien im Elsaß und am Oberrhein unter den Nagel. Was die Religion betrifft, blieb alles beim alten. Jeder Untertan hatte gefälligst das Bekenntnis seines Landesherrn zu teilen, wobei eine zusätzliche Glaubensrichtung akzeptiert wurde. Der *Calvinismus* (= evangelische Spezialsorte von Christentum) wurde auch im »Reich« geduldet. Der Kaiser des Heiligen Römischen Reiches Deutscher Nation allerdings verlor weitere Macht an die vielen deutschen Herrscher und wurde praktisch zu einer Art Pausenclown.
In Angelegenheiten des ganzen Reichs war er an die

Zustimmung der Fürsten gebunden. Diese erhielten für ihre Gebiete die volle Landeshoheit.
Jeder der mehr als 1700 deutschen Staaten, manche davon so winzig wie ein Dorf, hatte a) eigene Gesetze, b) eine eigene Rechtsprechung, c) vor allem eigene Steuern, die für *Machthaber* (= heute Politiker) sowieso immer das wichtigste sind.
Jeder der Landesherren konnte Bündnisse schließen und Kriege führen, wie immer er wollte, sofern es sich nicht um Kriege oder Bündnisse gegen den Kaiser oder das Heilige Römische Reich Deutscher Nation handelte.
Gewiß, ein Reichstag und ein Reichsgericht sollten Streitigkeiten zwischen den 1700 *souveränen* deutschen Staaten friedlich lösen, aber wer selbständig ist, ist nun mal selbständig. Die *Franzosen* (= Franken-Wessis) hatten das Ziel ihres Eintritts in den Dreißigjährigen Krieg erreicht: Die Zersplitterung der *Deutschen* (= Franken-Ossis) war mit dem Westfälischen Frieden festgeschrieben. Das in einen sehr lockeren Verband von selbständigen Einzelstaaten verwandelte Heilige Römische Reich Deutscher Nation gefährdete die Vorherrschaft Frankreichs in Europa nicht mehr.

Kurztext für Überflieger: Nach dem Westfälischen Frieden war fürs erste alles klar. Es gab nicht einen deutschen Staat, sondern jede Menge deutscher Staaten, deren Herrscher zuerst einmal herausfinden mußten, wie *viele* (= wenige) ihrer Untertanen den Krieg überlebt hatten. Bei dieser für Herrscher immer peinlichen Tätigkeit lassen wir sie erst mal allein. Anderswo ist inzwischen nämlich viel mehr los.

42.
Im Schnellwaschgang durch die französische Geschichte

»Die Bestimmung Frankreichs ist, der Welt lästig zu fallen.«
Jean Giraudoux

Inzwischen waren seit der unglückseligen Teilung des Fränkischen Reiches nach dem Tode Karls des Großen tausend Jahre vergangen. Die Folgen der Teilung des Deutschen Reiches nach 1945 beweisen, in welchem Maße sich zwei Hälften eines geteilten Landes unterschiedlich entwickeln.

Obwohl die Bürger der DDR bei der Sturzgeburt der neuen deutschen Einheit noch immer, von Ausnahmen wie *Goldbroiler* (= Brathähnchen) einmal abgesehen, dasselbe Deutsch sprachen wie die Bürger der Bundesrepublik, verstanden sich Ostdeutsche mit Westdeutschen nach der knapp 50 Jahre dauernden Teilung nur noch unter erheblichen Schwierigkeiten.

Die beiden Hälften des Fränkischen Reiches entwickelten sich in tausend Jahren noch weiter auseinander, nämlich zu zwei Staaten mit jeweils völlig anderer Sprache, Kultur und Geschichte.

Dennoch war und ist das Verhältnis zwischen den Deutschen und ihren Nachbarn in Frankreich immer ein besonderes, und wir können Frankreich nicht einfach links des Rheins liegenlassen.

Im 17. Jahrhundert war Frankreich das mächtigste Land in Europa.

Während die deutschen Kaiser wegen der unglückseligen Konstruktion des Heiligen Römischen Reiches immer wieder in die Angelegenheiten der Päpste hineingezogen worden waren, hatten sich die französischen Könige auf die Stärkung ihrer Macht in Frankreich konzentriert und sich gegenüber dem *Feudaladel* (= Wahlkönige, Landesfürsten usw.) durchgesetzt, auch wenn es immer wieder Aufstände und blutige Köpfe gab. Schon im 12. Jahrhundert war die französische Königswürde erblich geworden. Bereits Anfang des 14. Jahrhunderts errichtete Philipp IV. eine starke Zentralregierung über ganz Frankreich.

Mit dem Aufbau eines *stehenden Heeres* (= kein liegendes, sondern ein jederzeit zum Endsieg bereites) wurde begonnen. Es bekam bald Arbeit.

Nach dem Tode Philipps wollte sich der englische König auf den französischen Thron schleichen, was dem französischen Thronerben nicht gefiel. Es kam zum Hundertjährigen Krieg, den Frankreich wohl verloren hätte, wäre nicht *Jeanne d'Arc* (= militante Lesbe, auch »Jungfrau von Orleans«) auf das Schlachtfeld geeilt, um die Soldaten aufzumuntern. Sie stellten sich endlich gegen die Engländer. Die Entscheidungsschlacht wurde von den Franzosen gewonnen.

Weil man damals noch der Auffassung war, Frauen gehörten an den Herd und nicht aufs Schlachtfeld, wurde Jeanne d'Arc danach auf dem Scheiterhaufen verbrannt. Wer als Frau mit Waffen loszog, mußte nach damaliger Ansicht vom Teufel besessen sein.

Auch wenn es danach immer wieder zu Kriegen Frankreichs gegen die Habsburger kam, auch wenn der Feudaladel zeitweilig wieder erstarkte und *Hugenotten* (= Protestanten Frankreichs) die Herrschaft des Königs

gefährdeten – Frankreich blieb ein starker zentral regierter Staat.
1624 wurde *Kardinal Richelieu* (= franz. Herzog) Leitender Minister Ludwigs XIII., und dieser *geniale Politiker* (= ein total gewissenloser!) konzentrierte noch mehr Staatsmacht beim König.
Anstelle des Adels, der, wie wir wissen, *immer* zuerst seine eigenen Interessen vertritt, setzte Richelieu in den französischen Provinzen *Intendanten* (= Beamte) ein, die das Volk *direkt*, unter Umgehung des Adels, ausplünderten.
Durch Zahlung von *Subsidien* (= Bestechungsgelder) an die Schweden brachte er diese dazu, in den Dreißigjährigen Krieg einzugreifen, nahm dann mit französischen Truppen daran teil, und der Westfälische Frieden war das I-Tüpfelchen seiner Politik. Der einzige Konkurrent um die Vorherrschaft in Europa, die Habsburger, waren durch den Krieg wesentlich geschwächt. Der König von Frankreich war stark wie nie zuvor.

Kurztext für Überflieger: Im Gegensatz zu den deutschen Landesherrn, die durch die Entscheidung für die evangelische Sorte des Christentums die Macht des Kaisers schwächen konnten, gelang dies dem französischen Adel nicht, weil er sich durch Mätressen und Parties in Paris ablenken ließ.

43.
Ludwig der XIV. und sein absolutistischer Staat

»Das Königstum ist die nach dem Bilde Gottes gemachte Regierung.«
Alphonse de Lamartine

1661 übernahm Ludwig XIV. im Alter von 23 Jahren nach dem Tode des leitenden Ministers *Mazarin* (= Richelieu-Nachfolger) sämtliche Staatsgeschäfte selbst, wobei er sich, über alle irdischen Mächte und Gesetze erhoben, als »Gottes Diener und Statthalter auf Erden« verstand. Für ihn war es völlig selbstverständlich, a) nach Lust und Laune Gesetze zu erlassen sowie b) sich um diese nicht im geringsten zu kümmern. Wie die Planeten um die Sonne kreisen, was sogar der Papst kürzlich widerstrebend zugegeben hat, drehte sich in Ludwigs Frankreich alles nur und ausschließlich um ihn.

Obwohl der *Louvre* (= heute Aufbewahrungsort der Mona Lisa) in Paris, von dem aus bisher der französische König regiert hatte, wahrlich keine bescheidene Notunterkunft war, ließ sich Ludwig in Versailles ein seinen Ansprüchen gemäßes Schloß bauen. 36 000 Arbeiter werkelten 28 Jahre lang daran.

Als es endlich fertig war, konnte der König in die »Mutter aller Schlösser« umziehen und ganz Frankreich nach seiner Pfeife tanzen lassen.

Adlige, Offiziere, hohe Staatsbeamte, Künstler, ausländische Gesandte – wer immer etwas vom König wollte oder zu ihm gerufen wurde, mußte nach Versailles, denn ohne die Zustimmung des Königs oder gar gegen seinen Willen geschah in Frankreich nichts mehr. Er ließ sich weder von den *Ständen* (= Adel, Geistlichkeit, Bürger) in die Staatsangelegenheiten hineinreden noch Minister entscheiden. Seine Herrschaft war *absolut*. Der Begriff *Willkürherrschaft* erscheint dafür treffender.

Zwangsläufig wetteiferten die Angehörigen des Hochadels mit allen nur vorstellbaren Methoden um die Gunst des Königs, der sogar sein allmorgendliches *lever* (= Sitzung des Königs auf seiner königlichen Toilette zum Zwecke der Darmentleerung) zur Staatszeremonie erklärt hatte. Diesem »lever« zusehen zu dürfen, galt ebenso als hohe Auszeichnung wie die Gunst, den Ärmel des königlichen Nachthemds zu halten, während es der König anzog. Mehrere tausend Diener, dreihundertfünfzig Köche, achtzig Geistliche und fünfzig Ärzte, insgesamt mehr als zwanzigtausend Menschen kümmerten sich nur um den König und seinen Hofstaat, während für die Verwaltung ganz Frankreichs drei Minister, dreißig Räte und dreißig Intendanten sowie deren Beamte, insgesamt etwa zwölfhundert Bedienstete ausreichten.

Selbstverständlich gehörten zur Teilnahme am höfischen Leben a) besonders teure Kleidung, b) besonders teure Perücken sowie c) jede Menge noch teurerer Parfüms und Puder, denn es galt als ausgesprochen unfein, sich mit gewöhnlichem Wasser zu waschen. Adlige, die am höfischen Leben teilnahmen, ruinierten sich wirtschaftlich so regelmäßig, wie das Heer den größten Teil der Staatseinnahmen verschlang. Im Frieden wurden ein Drittel, im Krieg drei Viertel sämtlicher Staatsausgaben

für Bewaffnung, Unterkunft und Verpflegung des Militärs ausgegeben.
Wie derzeit die Bundesrepublik Deutschland war Frankreich damals ständig hoch verschuldet, und wie bei uns erfand der Staat ständig neue Steuern und Abgaben, um das Volk immer mehr auszulutschen.

Kurztext für Überflieger: Wenngleich der Prunk und die Verschwendung, mit der Ludwig XIV. den Adel in seinen Bann zog, als Instrumente der Politik ebenso verständlich erscheinen müssen wie das stehende Heer, berechtigt die Tatsache, daß Ludwig XIV. a) das Bett häufig mit einer der mehr als 300 Hofdamen teilte, aber gleichzeitig b) sämtlichen in und um Versailles tätigen Prostituierten die Ohren sowie die Nase abschneiden ließ, zu einigen Zweifeln am Konzept des absolutistischen Staates.

44.
Das Volk bezahlt alles – Manufakturen und Merkantilismus

> *»Einzig und allein der Reichtum an Geld ist es, der die Unterschiede an Größe und Macht zwischen Staaten begründet.«*
> Jean-Baptiste Colbert

Inzwischen lebten in Frankreich knapp 20 Millionen Menschen. Der Adel und der hohe *Klerus* (= Kirchenhäuptlinge) arbeiteten nicht und waren von der Steuerpflicht befreit. Das Volk mußte den Aufwand dieser 400 000 Schmarotzer finanzieren, und trotz des Einfallsreichtums des Superministers Ludwigs XIV., Jean-Baptiste Colbert, der für Finanzen, Wirtschaft, Verkehr, die Marine, das Bauwesen und die Wälder zuständig war, reichten die Steuern dafür nicht aus.

Auch wenn die Steuereintreiber schon damals so gnadenlos wie heute Steuerschuldnern das letzte Huhn von der Stange holten, aus den Bauern war nicht mehr herauszupressen, als sie hatten. Um den unendlichen Geldbedarf des Königs und seines Hofstaats zu decken, begann der Staat notgedrungen, ins Wirtschaftsleben einzugreifen und sich daran zu beteiligen. Diese Tätigkeit des Staates als Unternehmer bezeichnet man als *Merkantilismus.* Ein sehr schönes Wort, mit dem man andere beeindrucken kann.

Einerseits gründete der Staat eigene Gewerbebetriebe oder beteiligte sich an ihrer Finanzierung, andererseits sorgte er durch Monopole und hohe Schutzzölle dafür, daß die Franzosen möglichst Produkte aus dem eigenen Land kauften.

Die zur Herstellung bestimmter Waren fähigen Profis holte man notfalls aus dem Ausland nach Frankreich.

Da die Franzosen damals noch keinen vernünftigen Käse herstellen konnten, ließen sie sich das von Holländern beibringen. Wie man Tierhäute zu Leder gerbt, erklärten ihnen Engländer. Um selbst Teppiche in Frankreich knüpfen lassen zu können, guckte man den Persern genau auf die flinken Finger.

Obwohl die Waren in den *Manufakturen* (= Fabrik *ohne* Maschinen) noch in Handarbeit hergestellt wurden, unterschied sich die Manufaktur doch vom Handwerksbetrieb: durch die Arbeitsteilung!

Die Herstellung einer Nadel war in zehn verschiedene Arbeitsgänge aufgeteilt. Zwölf Stunden täglich schnitten Drahtschneider Draht, spitzten ihn Drahtzuspitzer zu, bevor ihn die Drahtpolierer polierten usw., bis daß der muntere König damit eine seiner Mätressen pieksen konnte. Aber selbst für diese Messingnadeln durften nur Rohstoffe aus Frankreich eingesetzt werden bzw. solche aus den französischen Kolonien, die mit einem französischen Handelsschiff ins Land gebracht wurden.

Angesichts des unendlichen Geldbedarfs des Königs allerdings konnte die gescheite Wirtschaftspolitik Colberts auch nur wenig an der Staatsverschuldung ändern. Die Bauern wurden von den erdrückenden Steuern und Abgaben immer häufiger an den Bettelstab gebracht.

Während in Versailles Landschaftsgärtner große Schachfelder unter freiem Himmel anlegten, auf denen der Hochadel bei schönem Wetter a) entsprechend gekleidete Diener sowie b) lebende Pferde als Schachfiguren benutzte, war ein Zehntel des Volkes zu Bettlern geworden. Obwohl Bettler damals noch für einen Pfennig dankbar waren, hatten immer mehr Franzosen nicht mal diesen für Almosen übrig. Es kam regelmäßig zu Hungeraufständen in Paris und anderen Städten, die dem König keine Sorgen bereiteten. Dafür war sein Heer zuständig, das den Hunger stillen konnte, da tote Aufständische keinen mehr haben.

Kurztext für Überflieger: Von den in den Manufakturen noch nicht vorhandenen Maschinen abgesehen, erscheint die Wirtschaftspolitik im absolutistischen Frankreich noch heute modern. Die Weiterentwicklung fremder Produkte im eigenen Land, das gleichzeitig durch Zölle und bürokratische Schikanen gegenüber der ausländischen Konkurrenz abgeschottet wird, ist genau jene Strategie, der Japan seine Erfolge verdankt.

45.
Klein, aber mein oder Absolutismus in Deutschland

»Wo es keine Tiger gibt, treten die Katzen besonders selbstbewußt auf.«
Koreanisches Sprichwort

Schon 1608 hatte der deutsche Astronom Johannes Kepler im ersten der nach ihm benannten Gesetze nachgewiesen, daß ein Planetensystem nur *eine* Sonne verträgt. Was Ludwig XIV. betrifft, muß jedem deutschen Landesherrn klargewesen sein, daß schon ein »Sonnenkönig« mehr Geld verschlang, als 20 Millionen Franzosen aufbringen konnten.
Zweifellos hätte es den Deutschen genügt, wenn nur der in seinem eigenen souveränen Staat Österreich in Wien residierende deutsche Kaiser Massen an Geld für prachtvolle Bauwerke und eine möglichst prunkvolle und entsprechend kostspielige Hofhaltung verschwendet hätte. Aber leider eiferten die meisten der deutschen Landesherren begeistert dem Beispiel des französischen Sonnenkönigs nach. Seit dem Westfälischen Frieden waren die Herren der mehr oder weniger winzigen deutschen Staaten nun einmal souverän. Die meisten von ihnen folgten dem Vorbild Ludwigs XIV., wobei sie zu ihrem großen Kummer allerdings feststellen mußten, daß

a) zum Beispiel Württemberg oder Öttingen-Wallerstein bei weitem nicht so groß waren wie Frankreich sowie b) keiner der deutschen Staaten so viele Untertanen und Kolonien hatte. Keiner der deutschen Fürsten konnte auch nur annähernd soviel Geld aus seinen Untertanen herauspressen wie Ludwig XIV.

Notgedrungen bemühten sie sich, dem bewunderten französischen Herrscher wenigstens in einigen Teilbereichen ein kleines bißchen ähnlicher zu werden. Dabei handelten die meisten ihren Neigungen entsprechend. Den Markgraf Karl III. beeindruckten besonders die ständig verfügbaren Hofdamen Ludwigs. Prompt begann er mit dem Bau seiner Residenz Karlsruhe. Dann berief er a) einhundertsechzig Landestöchter als Leibgarde in seinen persönlichen Dienst, steckte sie b) in Uniformen und ließ c) in seinem Schlafgemach einhundertsechzig Klingelschnüre montieren, mit denen er jede der Damen zum Dienst am souveränen markgräflichen Leib rufen konnte.

Den Kurfürst von Bayern hatten offenbar die prächtigen Feste Ludwigs besonders angetörnt. Bei einem *Staatsbesuch* des Erzbischofs von Salzburg ließ er diesen und sein riesiges Gefolge a) vierhundert Hirsche erlegen, b) unter Begleitung von Salutschüssen aus den Kanonen seines Schlosses in einer Prachtbarke über den Starnberger See gondeln und veranstaltete c) ein Feuerwerk, wie es sich selbst der Herzog von Württemberg nur zur Feier der von ihm gnädiglich vollzogenen fünftausendsten Entjungferung eines Bauernmädchens leistete. Das Geld für diesen übertriebenen Lebensstil, für den Bau von Schlössern und Wasserspielen, für die Gewänder und Geschenke der zahllosen Mätressen (allein der Kurfürst

von Sachsen, August der Starke, zeugte 364 Kinder) wurde auch in Deutschland auf jede nur vorstellbare Weise dem Volke abgeknöpft. Wie in Frankreich (und derzeit in der Bundesrepublik) wurden ständig neue Steuern und Abgaben erfunden, und auf jede Erhöhung der *Akzise* (= Umsatzsteuer, Mehrwertsteuer) folgte alsbald die nächste. Gleichzeitig wurden den Bauern immer mehr Frondienste abverlangt, und ihre *Söhne* (= einzeln oder gleich zum Regiment gebündelt) ins Ausland als Soldaten verkauft.
Selbstverständlich versuchten auch die deutschen Landesherren die Wirtschaft auf Hochtouren zu bringen. In *Manufakturen*, z. B. für Meißener bzw. Nymphenburger Porzellan, arbeiteten vielfach Waisenkinder 10 Stunden für einen Teller Suppe. Durch Monopole und Zölle wurden die Preise in die Höhe getrieben, aber das half wenig. Wie der große französische Herrscher waren die vielen kleinen deutschen Herrscherlein gewöhnlich bis über beide Ohren verschuldet.

Kurztext für Überflieger: Macht korrumpiert, und absolute Macht korrumpiert absolut. Der deutsche Absolutismus war eine Nachäfferei des französischen, wobei die *Herrscher von Brandenburg-Preußen* (= Vornamen immer Friedrich oder Wilhelm bzw. Friedrich-Wilhelm) ihr Vorbild offensichtlich am gründlichsten studiert hatten. Sie konzentrierten sich auf das wichtigste Element des absolutistischen Staates, auf das Heer.

46.
Große Panik bei den Habsburgern – Die Türken vor Wien

»Zur Rechten sieht man wie zur Linken
einen halben Türken heruntersinken.«
Ludwig Uhland

Auch wenn die Stellung der Habsburger in ihrer Rolle als Kaiser *aller* Deutschen inzwischen nicht mehr stark war – dank ihrer eigenen Herzogtümer Österreich, Steiermark, Kärnten und Krain usw. sowie als Könige von Böhmen und Schlesien herrschten sie von Wien aus über mehr Land und Menschen als jeder andere deutsche Fürst.

Das nach dem Sultan Osman benannte Osmanenreich der *Türken* (= Mohammed-Fans) erstreckte sich nach deren Sieg über die Ungarn inzwischen bis Budapest, das heißt sozusagen bis zur Haustür der Habsburger.

Obwohl die Türken, was sie zweifellos ehrt, gewöhnlich weder Christen noch Juden dazu zwangen, zum Islam überzutreten, und nur darauf bestanden, daß sie ihre Steuern pünktlich bezahlten, waren auch sie von der Sucht *sämtlicher* Herrscher befallen, ihre Macht soweit wie möglich auszudehnen.

Schon 1526 hatte sie der Habsburger Karl V. nur mit Mühe vor Wien zurückschlagen können, aber nahezu ganz Ungarn war den Türken geblieben.

1693 marschierte ein 200 000 Mann starkes türkisches Heer erneut los und stoppte erst vor der durch starke Befestigungsanlagen geschützten Habsburger-Residenz Wien. Der Großwesir Kara Mustapha forderte die Habs-

burger in sehr unhöflichem Ton auf, ihm die Stadt zu übergeben. Leopold I., als Habsburger gleichzeitig Kaiser aller Deutschen, lehnte das Ersuchen ab. Daraufhin bauten die Türken um Wien herum ihre schönen bunten Zelte auf, versuchten, die Befestigungsanlagen der Wiener zu durchbrechen, und warteten ab, wie sich die Wiener verhalten würden, wenn ihnen die *Nahrung* (= vor allem der Wein) ausginge.
Schon damals bewirkte eine solche Blockade so wenig wie später a) die Blockaden Englands im Ersten und Zweiten Weltkrieg sowie die Blockaden der Vereinten Nationen gegen a) Saddam Husseins Irak sowie b) die Einzelteile des zerfallenen Jugoslawien. Auch die Habsburger waren vorbereitet und hielten immerhin zwei Monate durch. Als ihr Widerstand immer schwächer wurde, kam ihnen im letzten Augenblick ein Entsatzheer unter Leitung des Königs von Polen zur Hilfe und schlug die Türken in die Flucht. Über diese Belagerung war Kaiser Leopold I. so verärgert, daß er die Leitung seiner kaiserlichen Truppen dem jungen Offizier *Prinz Eugen* (= Eugeeeeen auszusprechen) übertrug. Dieser am französischen Hof erzogene Prinz setzte den Türken nach, bereitete ihnen in Serbien eine vernichtende Niederlage und konnte ihnen 1716 sogar Belgrad abnehmen. Interessant erscheint in Zusammenhang mit der Belagerung Wiens durch die Türken, a) daß der französische König diese Bedrohung der christlichen Habsburger durch die islamischen Türken durchaus nicht ungern sah und b) der Kurfürst von Brandenburg infolge eines Vertrags mit Frankreich dem Kaiser des »Heiligen Römischen Reiches Deutscher Nation« nicht zur Hilfe eilte.

Kurztext für Überflieger: Der im ehemaligen Jugoslawien zur Zeit veranstaltete Völkermord unter Moslems ist auch eine späte Rache für die Leiden der Serben und Kroaten unter der Herrschaft der Türken sowie im Zweiten Weltkrieg.

47.
Zum Beispiel Brandenburg – Vom Kurfürsten zum König

»Bündnisse sind gut, eigene Streitkräfte sind besser.«
Kurfürst Friedrich Wilhelm

Im Jahre 1640, als Friedrich Wilhelm aus der Herrscherdynastie der Hohenzollern die Leitung des Kurfürstentums Brandenburg übernahm, war es a) infolge des *unfruchtbaren Bodens* (= meistens Sand) ziemlich arm sowie b) nach dem Dreißigjährigen Krieg zusätzlich weitgehend verwüstet. Die Schweden bedrohten das zwischen Elbe und Oder gelegene Brandenburg ebenso wie Truppen des *Kaisers* (= Habsburger). Söldner, die das Kurfürstentum Brandenburg schützen sollten, waren *unzuverlässig* (= klug) und kämpften immer für jenen, der sie am besten bezahlte. Folgerichtig schmiß Friedrich Wilhelm zuerst a) alle fremden Söldner aus seinem Lande und stellte b) aus Söhnen von Bürgern und Bauern Brandenburgs ein eigenes stehendes Heer auf, zu dessen Offizieren er c) Adlige aus Brandenburg ernannte. Mit Hilfe dieses auf Friedrich Wilhelm vereidigten Heeres bemühte er sich nach besten Kräften, seine ziemlich weit auseinander gelegenen Länder (Brandenburg, Hinterpommern

und kleinere Gebiete an Rhein, Ruhr und Weser) so gut wie möglich zu einem Einheitsstaat nach dem großen Vorbild Frankreich zusammenzufügen. Als sich die Schweden im ersten Nordischen Krieg mit Polen stritten, half er mit seinen Soldaten Polen, und diese gewährten ihm dankbar die Souveränität über Preußen. 1674 mußte er notgedrungen als deutscher Kurfürst bei einem kleinen Reichskrieg gegen Frankreich seine Soldaten mitkämpfen lassen. Als die Schweden in Brandenburg einfielen, war ihm wie jedem gescheiten Menschen das Hemd näher als die Jacke. In der Schlacht bei Fehrbellin schlug sein Heer die Schweden zurück. So leicht, wie es manchmal erscheint, war das Leben eines absolutistischen Herrschers keinesfalls.
Der Adel verteidigte seine alten Vorrechte ebenso zäh wie die *reichsfreien* (= nur dem Kaiser verpflichteten) Städte. Aber wie es sich für einen absolutistischen Herrscher gehörte, bekam auch der »große« Kurfürst seine Ländereien einigermaßen in den Griff. Als sich der Bürgermeister von *Königsberg* (= z. Zt. Rußland) auf alte Stadtrechte berief, ließ ihn der Kurfürst lebenslänglich einsperren. Einen preußischen Adligen, der den polnischen König, den Eigentümer Preußens, zur Hilfe gegen den Kurfürsten überreden wollte, ließ Friedrich Wilhelm aus *Warschau* (z. Zt. Polen) entführen und als Verräter köpfen.
Wie jedes Heer kosteten auch die 30 000 Soldaten des Großen Kurfürsten sehr viel Geld. Der Herrscher verschaffte es sich auf eine noch heute übliche Weise. Wer Land besaß, mußte Grundsteuern zahlen.
Um die Gutsbesitzer zu entschädigen, gestand er ihnen die »Herrenrechte« über die Bauern zu. Diese wurden zu

Leibeigenen. Dafür hält mancher Grundeigentümer seine Mieter noch heute, obgleich die Leibeigenschaft inzwischen abgeschafft wurde. Auch was den *Merkantilismus* (= staatliche Wirtschaftsförderung) betrifft, ahmte der Kurfürst das Verhalten der Franzosen nach. Er errichtete Manufakturen, wo z. B. die Uniformen des Heers geschneidert wurden. Er war sogar so mutig, an der Küste Guineas eine brandenburgische Kolonie mit dem schönen Namen Großfriedrichsburg zu gründen, über die man in *England und Frankreich* (= Besitzer riesiger Kolonien) ebenso lächelte wie über Friedrich Wilhelms kümmerliche Handelsflotte.

Aber bei seinem Tode hatte der Kurfürst in *Berlin* (= ehemals slawische Siedlung) nicht nur die Straße »Unter den Linden« anlegen lassen, sondern er war nach dem Kaiser auch der mächtigste aller deutschen Fürsten. Danach übernahm wie üblich der Sohn die *Firma* (= bei Thronfolgern: der Staat).

Dieser Sohn, der Kurfürst Friedrich III., fand am Absolutismus hauptsächlich die höfische Prachtentfaltung interessant. Um mehr Zeit für die *Freuden des Lebens* (= Mätressen, Jagden, festliche Orgien sowie Prachtbauten) zu gewinnen, machte er seinen Erzieher zum leitenden Minister. Ein ehrgeiziger Höfling namens Kolbe hebelte daraufhin ein sechzehnjähriges Mädchen mit dem schönen Namen Katharina in das Bett des Kurfürsten. Weil dieses Mädchen immer Migräne bekam, wenn Fritz nicht machte, was es wollte, ließ er alsbald seinen zum leitenden Minister beförderten Erzieher in den Kerker werfen und geriet in immer stärkere Abhängigkeit von seiner Mätresse.

Um Katharina aufzuwerten, überredete der dumme

Fritz den Stallmeister Kolbe, sie auf »seinen Wunsch« zu heiraten. Der von der Natur nicht nur mit einem starken Geschlechtstrieb, sondern zusätzlich mit einer *Rückgratverkrümmung* (= der schiefe Fritz) ausgestattete Friedrich überhäufte die Kolbes mit Juwelen und Ländereien. Zusätzlich schickte er dem Kaiser dauernd Geld nach Österreich und beteiligte sein Heer an dessen Kriegen, weil er unbedingt König werden wollte, was ihm schließlich auch gelang.

1701 ernannte sich der Kurfürst von Brandenburg zum König von Preußen, nachdem der Kaiser ihm das als Dank für Hilfe im Spanischen Erbfolgekrieg endlich gnädiglich gestattet hatte. Diesmal dürfte der Kaiser des Heiligen Römischen Reiches Deutscher Nation sich nur mit Mühe das Hohngelächter über diesen deutschen Kurfürsten verkniffen haben, der sich mit großem Pomp und einem beachtlichen Feuerwerk zum König des polnischen Lehens Preußen krönte, das genau betrachtet noch nicht mal zu Deutschland gehörte. Aber das Lachen über die Preußen sollte erst den Habsburgern, dann ganz Europa bald vergehen. Mit dem Enkel des großen und Sohn des eitlen Kurfürsten und selbstgekrönten Königs Friedrich Wilhelm I. begann eine Aufrüstung, wie sie bisher noch kein deutscher Fürst betrieben hatte.

Kurztext für Überflieger: Die Kurfürsten von Brandenburg schufen die Grundlagen für die spätere Eroberungspolitik Preußens. Was der Vater umsichtig sein Leben lang aufgebaut hatte, verschwendete sein Sohn. Beim Tode des schiefen Fritz war das Land so arm, daß die Soldaten nur noch kümmerliche 1200 Zentner Schießpulver hatten.

48.
Der unheimliche Aufstieg Brandenburg-Preußens

»Jeder Untertan in diesem Land
wird als geborener Sklave betrachtet.«
Graf Manteuffel

Nach dem Tode des ersten Preußenkönigs übernahm dessen Sohn Friedrich Wilhelm I. im Jahre 1713 die Herrschaft. Weil auch bei Königen jeder Sohn meist genau das Gegenteil von seinem Vater tun muß, um so was wie eine eigene Persönlichkeit zu entwickeln, war der Sohn des verschwenderischen, den Luxus liebenden ersten Preußenkönigs gezwungen, a) anstelle der königlichen Pracht am Hofe eine an Geiz grenzende Sparsamkeit einzuführen sowie b) den ganzen Staat in eine *Kaserne* zu verwandeln.

Friedrich Wilhelm I. (= der Soldatenkönig) ließ das königliche Tafelsilber zu Münzen schmelzen, um auch damit Soldaten zu bezahlen. Obwohl seine »Werber« jeden halbwegs kriegstauglichen Mann im Lande aufzuspüren verstanden, war das Heer dem König sein Leben lang in jeder Beziehung zu klein.

Ohne Rücksicht auf Landesgrenzen ließ er Männer aus anderen Staaten entführen. Wenn es nicht anders ging, kaufte er sie ihren jeweiligen Eigentümern auch einfach ab, wobei sich der Preis eines Soldaten nach dessen körperlichen Größe richtete. Für einen über zwei Meter großen Iren bezahlte der König ohne mit der Wimper zu zucken 9000 Taler, für einen hochgewachsenen Holländer immerhin noch 5000, etwa das doppelte Jahresgehalt eines preußischen Ministers. Diese langen Männer ließ der Soldatenkönig a) hohe Blechhauben sowie b) gepuderte Zöpfe tragen und teilte sie c) seinem Garderegiment zu. Die Habsburger hatten bei sechs Millionen Menschen ein Heer von 90 000 Soldaten. Das kleine Preußen leistete sich bei knapp über zwei Millionen Einwohnern mit 83 000 Soldaten ein nahezu gleich großes Heer.

Das dafür erforderliche Geld wurde, wie immer, aus dem Volke herausgepreßt, das inzwischen durch eine militärisch straff organisierte Beamtenschaft verwaltet wurde.

Der deutsche Militarismus, den die Welt später fürchten lernte und noch immer fürchtet, wurde von jenem Soldatenkönig und Freund »langer Kerls« geschaffen, der seine adligen Offiziere in *Kadettenanstalten* (= Offiziersschulen) genauso gnadenlos *schleifen* (= den Willen brechen) ließ wie die Soldaten auf den Exerzierplätzen.

Das *Spießrutenlaufen*, bei dem ein *ungehorsamer* Soldat durch Reihen ihn mit Stahlruten prügelnden Soldaten laufen mußte, bis er blutüberströmt ohnmächtig zusammenbrach und die Prozedur oft bis zum Tode wiederholt wurde, ist eine Erfindung des Preußenherrschers. Der Name seines Chefsadisten, des Fürsten von Anhalt-Dessau, wird noch immer auf Schildern von Dessauer Straßen und jedesmal dort gefeiert, wo eine Blaskapelle den »Dessauer Marsch« spielt.

Kurztext für Überflieger: Wenngleich der Soldatenkönig zweifellos an der hochgradigen Neurose litt, aller Welt beweisen zu müssen, daß er anders war als sein Vater, hatte er durchaus deutschen Humor. Er machte den

Präsidenten der Preußischen Akademie der Wissenschaften zum Hofnarren seines *Tabak-Kollegiums* (= erster deutscher Raucherstammtisch) und ließ seine Untertanen Kartoffeln essen, die bekanntlich in den Keller gehören. Sein Heer liebte er allerdings so sehr, daß er es so gut wie nie den Gefahren des Krieges aussetzte.

49.
Friedrich der Große – Der doppelt kranke Preußenkönig

> *»Ich meine, daß ein Mann, der sich von einer Frau beherrschen läßt,*
> *der größte Einfaltspinsel der Welt ist.«*
> Friedrich der Große

Wie man es auch dreht und schiebt, neurotische Eltern haben selten seelisch gesunde Kinder. Auch Friedrich Wilhelms I. Sohn Friedrich, 1712 geboren und 1786 gestorben, setzte alles daran, sich vom Vater zu unterscheiden. Da der brutale Soldatenkönig nichts so verachtete wie Kunst und Wissenschaft, erschien es dem künstlerisch begabten Prinzen genau deshalb richtig, sich für die geistigen Strömungen der Zeit lebhaft zu interessieren.

Sensibel, wie der junge Friedrich nun mal war, wollte er vor der auf besonderen Wunsch seines Vaters extrem harten Erziehung aus der Kadettenanstalt zu seinem Onkel, dem englischen König, fliehen. Als der Fluchtversuch entdeckt wurde, ließ der Soldatenkönig den Adligen Hans Hermann von Katte, der bei den Fluchtvorbereitungen geholfen hatte und den der König für den

Liebhaber seines Sohnes hielt, vor dessen Augen köpfen. Danach hatte der Soldatenkönig mit Friedrich kaum noch Probleme und ließ sich gelegentlich vom Prinzen die Schuhe küssen. Gehorsam heiratete der Prinz auf Wunsch seines Vaters die Tochter eines preußischen Adligen, nachdem ein Arzt zwei Geschlechtskrankheiten des Prinzen vorübergehend kurieren konnte. Nach der Heirat bemühte sich der Prinz sechs Monate vergeblich, den vom Soldatenkönig geforderten übernächsten Thronerben zu zeugen. Dann brachen die beiden *königlichen Geschlechtskrankheiten Friedrichs* (= Syphilis und Gonorrhöe) wieder aus. Die Ärzte mußten sein auch jedem nichtadligen Manne von der Natur geschenktes Schwert erheblich verkürzen. Danach hatten seine Durchlaucht eine Neurose mehr.
Auch wenn der französische Autor Voltaire, mit dem Friedrich zeitweilig befreundet war, behauptet hat, Seine Majestät wäre homosexuell gewesen, gibt es dafür keine Belege. Als gesichert gilt nur, daß er a) in seiner mit Tabaksaft besabberten blauen Uniform b) selbst nachts in seinem schmutzigen Feldbett seinen *Dreispitz* (= Hut mit drei Ecken) aufbehielt, c) das Bett meist mit einem seiner Hunde teilte sowie d) wie viele Adlige fließend Französisch sprach. Das war nun mal die Sprache am französischen Hof und der Diplomaten, weshalb sich noch heute viele Franzosen weigern, eine Fremdsprache zu lernen.

Kurztext für Überflieger: Friedrich der Große war von seinem Vater seelisch und von seinen Ärzten körperlich verstümmelt. Das erklärt möglicherweise die zahlreichen Angriffskriege Friedrichs II., durch die Preußen zur europäischen Großmacht wurde. Während die anderen deutschen Souveräne die Barock-Kultur Tag und Nacht genossen, hatte der Preußenkönig Langeweile und trieb seine Soldaten von einem Schlachtfeld auf das nächste, um wenigstens damit seine Männlichkeit zu beweisen.

50.
Die Aufklärung – Bürger entdecken ihr eigenes Gehirn

»Unmündigkeit ist das Unvermögen, sich seines Verstandes ohne die Leitung eines anderen zu bedienen.«
Immanuel Kant

So eindrucksvoll Gebäude, Gemälde und Musik aus dem *Barock* (= Zeit mit möglichst vielen Verzierungen) auch heute vielfach noch erscheinen – ganz vorsichtig begannen einige *Intellektuelle* (= Vordenker, auch Eierköpfe, Pinscher und Schmeißfliegen genannt) schon im 17. Jahrhundert, die Herrschaft eines Menschen über viele für unnatürlich zu halten. Für sie war es auf einmal nicht mehr in Ordnung, daß z. B. die Köche des französischen Königs, der schlechte Zähne hatte, immer edlere und feinere Pasteten erfanden, während das Volk zwar gute Zähne hatte, aber nichts zu beißen.
Schon 1690 erklärte *John Locke* (= englischer Philosoph) das Recht des Menschen auf Leben, Freiheit und Eigentum zum Naturrecht, das der Staat gefälligst zu schützen habe. *François Voltaire* (= französischer Philosoph mit Pseudonym) zweifelte nicht nur an der Richtigkeit von

Alleinherrschaft, sondern an der Existenz Gottes überhaupt, und saß deswegen meistens in der *Bastille* (= arg verwanztes Gefängnis in Paris), wenn er sich nach Frankreich traute.
Selbstverständlich behaupteten die Könige nach wie vor, ihre Alleinherrschaft sei a) nun mal von Gott so gewollt, weil sie b) andernfalls überhaupt nicht möglich wäre. Die katholischen, evangelischen und calvinistischen Priester und Pfarrer bestätigten das nach wie vor und ließen die Untertanen für das Wohl der Ausbeuter beten, aber Wissenschaftler entdeckten immer mehr Zusammenhänge zwischen Ursachen und Wirkungen in der Natur. Spätestens seit *Isaak Newton* (= englischer Bauernsohn) die Schwerkraft entdeckte, nachdem ihm ein Apfel auf den Kopf gefallen war, begann man auch darüber nachzudenken, welche Kraft dafür verantwortlich war, daß der König, der Adel und die hohe Geistlichkeit »wie Gott in Frankreich« lebten, während die Masse hungerte und die nichtadligen Händler und Handwerker, die Beamten und Schreiber infolge der hohen Steuern nicht weit davon entfernt waren.
Immanuel Kant (= Königsberger Klops) hielt die Unmündigkeit des Menschen für selbstverschuldet, aber es ist zu bezweifeln, daß der König von Preußen derlei überhaupt zur Kenntnis genommen hat. Auch wenn Friedrich der Große die *Zensur* (= Kontrolle von Drucksachen) etwas lockerte, indem er nur noch gegen ihn gerichtete Schriften verbieten und ihre Autoren verfolgen ließ – von England einmal abgesehen, machte in Europa jeder König, was er wollte.
Durch die Zunahme von Handwerk, Handel und die neuen handwerklichen Großbetriebe wuchs die Zahl der

Menschen, die wohlhabend wurden, ohne adlig geboren zu sein. Ein besitzendes Bürgertum entstand, das (wie heute) so viel arbeitsfreie Zeit hatte, daß es a) über den Zustand des Staates sowie b) über die Höhe der Steuern nachdenken konnte.
Die *Tagelöhner* (= Proleten Preußens) überlegten nach wie vor nur, wie sie sich und ihre Familien notdürftig durchbringen konnten.

Kurztext für Überflieger: Wo Menschen infolge von wissenschaftlichen oder wirtschaftlichen Entwicklungen nachzudenken anfangen, durchdenken sie alsbald auch ihre eigene Situation. Besonders wenn sie dafür Zeit und Muße haben.

51.
Im Gleichschritt marsch – Preußen gegen Habsburg 1 : 0

»Die Befriedigung, meinen Namen später in der Geschichte zu sehen, hat mich verführt.«
Friedrich der Große

Im Jahre 1740 starben in Preußen der Soldatenkönig und in Österreich der Habsburger-Kaiser Karl VI., was in beiden Staaten dazu führte, daß sich die nächste Herrschergeneration auf den Thron setzte.
In Preußen begann der arg verschnittene Friedrich II. zu regieren, und in Österreich geschah etwas für das damalige Deutschland Unerhörtes. Da Karl VI. keine Söhne hatte, kam seine zweiundzwanzigjährige Tochter an die Macht, die a) darauf nicht im geringsten vorbereitet war

sowie b) von Regieren und Krieg nicht die geringste Ahnung hatte.
Sofort begannen die Kurfürsten von Bayern und Sachsen, die beide vorsorglich Frauen aus der Habsburgerdynastie geheiratet hatten, den Anspruch Maria Theresias auf den Thron zu bestreiten. Der noch junge Alte Fritz schickte einen höflichen Brief nach Wien, in dem er Maria Theresia großzügig seine männliche Hilfe und Unterstützung versprach, wenn sie ihm dafür *Schlesien* (= damals Provinz Österreichs) überließ. Ohne die Antwort abzuwarten, marschierte er kurzerhand in Schlesien ein. Weil von Westen her gleichzeitig die Heere der Bayern und Soldaten Frankreichs nach Österreich eindrangen, mußte Mary dem Fritz fast ganz Schlesien überlassen, aber auch diesmal bedeutete eine gewonnene Schlacht noch keinen Endsieg.
Als zwischen England und Frankreich Krieg um die Kolonien in Amerika ausbrach, verbündete sich England mit Preußen. Österreich brachte mit viel Mühe und Not ein Bündnis mit seinem uralten Gegner Frankreich zustande. Das inzwischen auch zu einer absolutistisch regierten Großmacht gewordene Rußland beeilte sich, diesem Bündnis gegen Preußen beizutreten, denn die russische Zarin war auf Friedrich den Großen noch wütend, weil er oft unanständige Witze über sie erzählte, über die sein *Tabak-Kollegium* (= inzwischen Club Nikotinsüchtiger) jedesmal wiehernd lachte.
Auch wenn der Krieg um Schlesien genaugenommen nur eine Begleiterscheinung des weltpolitisch wichtigeren Kriegs zwischen England und Frankreich um die Herrschaft in Amerika und Indien war – bis 1763 wurde erbittert um Schlesien gekämpft. Diesen Krieg hätten die

gut *gedrillten* (= dressierten) Preußen, die von ihren eigenen Offizieren mit gezogener Pistole von der *Desertation* (= Privatfrieden von Soldaten) abgehalten wurden, mit Sicherheit verloren, hätte Friedrich nicht wenigstens einmal in seinem Leben Glück gehabt. Die Zarin Rußlands starb, und ihr Nachfolger war ein ausgesprochener Preußen-Fan.

Als Rußland aus dem Siebenjährigen Krieg ausschied, hatte Friedrich den Rücken frei, dann verzichtete Frankreich auf seine Kolonien in Amerika und Indien, und die Welt kam wieder *zur Ruhe* (= wie immer vorübergehend). Maria Theresia stimmte dem »Frieden zu Hubertusburg« zu. Friedrich durfte Schlesien behalten und konnte es mit Preußen vereinigen. Durch die Kosten des Krieges und dem nach der Vereinigung mit Schlesien dort notwendigen Aufbau einer vernünftigen preußischen Verwaltung verarmte das beim Tode des Soldatenkönigs noch sehr reiche Preußen etwa so sehr wie derzeit die Bundesrepublik.

In Preußen durften alle Untertanen ihren Kaffee, ihr Salz und ihren Tabak nur noch zu überhöhten Preisen vom eigenen Staat kaufen. Der König schickte *Kaffeeschnüffler* (= Beamte mit Sonderauftrag) von Haustür zu Haustür, die jene aufspüren sollten, die es wagten, heimlich aus dem Ausland geschmuggelten Kaffee zu rösten. Aber nach der Vereinigung mit Schlesien war der preußische Staat schon erheblich größer. Als sich Friedrich (wie der neue Zar von Rußland) noch ein großes Stück von Polen unter den Nagel reißen konnte und es mit seinem Staat vereinigt hatte, gab es neben Österreich plötzlich eine zweite deutsche Großmacht: Preußen.

Der Verlust von Schlesien an Preußen war der erste Nagel im Sarg der Habsburger. Danach stand dem katholischen Süden Deutschlands ein nahezu genauso starker evangelischer Norden gegenüber, wobei der *Main* (= Weißwurstäquator) in etwa die Grenze bildete.

Kurztext für Überflieger: Kein Mensch schrie damals »zweigeteilt niemals«, was beweist, daß wir Deutschen nicht grundsätzlich unglücklich sind, wenn es mehrere selbständige deutsche Staaten gibt.

52.
Todesstrafe für den König – Die Französische Revolution

»Die Rebellen von heute sind die Despoten von morgen.«
Johannes Scherr

Obgleich bezweifelt werden muß, daß Völker so was wie Charakter haben, die Bereitschaft, sich von *absolutistischen Monarchen* (= Despoten mit Krone) oder *Diktatoren* (= Despoten mit Hut bzw. Offiziersmütze) unterdrücken zu lassen, ist von Land zu Land offensichtlich verschieden. Schon 1649 hatten Engländer ihren König Karl I. kurzerhand geköpft, als er sich über die damals noch sehr kümmerlichen Rechte des Parlaments hinwegsetzen wollte.

Am *4. Juli 1776* (= Nationalfeiertag der USA) hatten die amerikanischen Kolonien Englands ihre Unabhängigkeit erklärt, nachdem sie a) aus England gelieferten Tee und b) englische Zollbeamte, die dafür kassieren woll-

ten, kurzerhand ins Hafenbecken von Boston geworfen hatten.
Am *14. Juli 1789* (= Nationalfeiertag Frankreichs) stürmten französische Untertanen die *Bastille* (= nur noch wenig bewohntes Gefängnis in Paris). In ganz Frankreich stand das Volk gegen seinen unersättlichen absolutistischen Herrscher auf, holte Ludwig XVI. und seine Frau *Marie-Antoinette* (= Tochter der Österreicher-Kaiserin Maria Theresia) aus *Versailles* (= Alptraum aller Franzosen) nach Paris. Notgedrungen mußte der König der *Nationalversammlung* (= Volksvertretung) sehr weitgehende Rechte einräumen. Das Parlament beschloß die Freiheit und Gleichheit aller Franzosen sowie die Aufhebung der Leibeigenschaft. Der Adel verlor seine Vorrechte.
Danach war die absolutistische Herrschaft des Königs beendet. Man hätte ihn in Frieden seine *Pasteten* (= fein zerkleinerte Speisen für Zahnlose) essen lassen können, aber das erschien den *Revolutionären* (= im Falle ihres Sieges: Helden, bei Niederlage: Verbrecher) gefährlich. Wie alle Regierenden hing der König an der Macht. Es erschien noch möglich, daß er mit Hilfe von *in die Deutschländer geflohenen Adligen* (= Emigranten, Exilanten, das heißt Asylanten. Im Gegensatz zu Wirtschaftsflüchtlingen Revolutionsflüchtlinge!) und königstreuen Truppen die alten Verhältnisse wiederherstellt.
In dieser Situation erinnerten sich die Revolutionsführer an den uralten Herrschertrick Nummer eins zur Ablenkung von Schwierigkeiten im Inland. Sie erklärten Österreich den Krieg.
Wie erwartet, bedrohten danach Heere des Habsburger Kaisers und anfangs auch des Preußenkönigs ein Frankreich, das seinen König endlich hatte kaltstellen können.

Die *Gefahr* (= für den König: die Chance), daß ausländische Monarchen die Uhr in Frankreich wieder zurückstellen konnten, erschien noch keinesfalls gebannt.
In dieser Situation wurde 1792 die *Republik* (= Staat ohne König) ausgerufen. Vier Monate später verurteilte ein vom Volk gewähltes Parlament König Ludwig XVI. nach einem Fluchtversuch wegen Hochverrats zum Tode und ließ ihn öffentlich köpfen. Auch der nur selten gewaschene Hals Marie-Antoinettes, den zuvor teure Juwelen geziert hatten, wurde vom Fallbeil gänzlich durchgetrennt. Ihr königliches Haupt fiel in einen einfachen Korb mit Sägespänen.

Kurztext für Überflieger: Wenngleich die Deutschen nie einen König geköpft haben und zur Strafe für dieses Versäumnis keinen Nationalfeiertag feiern dürfen, können sie etwas von den Franzosen lernen: Wenn unsere Krankenkassen aus Sparsamkeit kein Gebiß mehr bezahlen – man kann immer noch Pasteten kauen.

TEIL V:

UNSERE VOR-VORFAHREN AUF DEM WEG ZUR NATION

53.
Flurbereinigung in Deutschland – Napoleon räumt auf

»Von hier und heute geht eine neue Epoche der Weltgeschichte aus, und Ihr könnt sagen, Ihr seid dabeigewesen.«
Johann Wolfgang von Goethe

Die Mühlen der Geschichte mahlen langsam, aber sicher. Die Deutschen waren von der Einigkeit, ganz zu schweigen vom Recht und von Freiheit, bei Beginn des Jahrhunderts noch so weit entfernt wie meistens. Aber die Weichen in gänzlich andere Verhältnisse waren 1765 mit der Erfindung der Dampfmaschine gestellt worden. Es sollte nur noch eine Weile dauern, bis auch in Deutschland die ersten Züge fuhren.

Auf dem *europäischen Festland* (= alles außer England, Mallorca und den Kanarischen Inseln) prüfte jeder europäische Herrscher zuerst, ob sein eigener Kopf noch an der alten Stelle saß. Danach versuchten Österreich und Preußen, die alten Verhältnisse in Frankreich wiederherzustellen.

Obwohl sogar *Goethe* (= Kriegsminister des Herzogs von Weimar sowie Dichter) die vereinigten Heere Österreichs und Preußens begleitet hatte, waren diese nicht weit gekommen. Als a) bei *Valmy* das Freiwilligenheer der Franzosen auch nach stundenlangem Artillerieduell nicht kapitulierte und es b) auch noch zu regnen anfing, befahl der Herzog von Braunschweig den deutschen Truppen genervt den Rückzug. Die Wiederherstellung des Fränkischen Reiches fand nicht statt. Preußen überließ Frankreich widerstrebend seine linksrheinischen Be-

sitzungen und teilte sich auch noch den Rest Polens mit Rußland.
Das führte dazu, daß der preußische König danach eindeutig über mehr Polen als Deutsche herrschte und Warschau zur preußischen Stadt wurde. Dennoch ist nicht zu befürchten, daß polnische Staatsbürger jetzt auch mit dem Hinweis auf den Dienst ihrer Vorvorfahren in der preußischen Armee ihre Anerkennung als *Spätaussiedler* fordern, weil die Geschichte das schon im nächsten Kapitel wieder korrigierte.
Zuvor mußte in Frankreich per *Staatsstreich* (= nicht verfassungsgemäßer Regierungswechsel) 1799 *Napoleon Bonaparte* (= General, der stets seine Brieftasche festhielt) die Macht von Revolutionären stehlen und sich zum ersten Konsul ernennen lassen. Damit stand ein nichtadliger Militarist an der Spitze Frankreichs, der nur 1,55 Meter groß war. Solche Männer haben meist einen Minderwertigkeitskomplex. Anstatt sich einfach Schuhe mit dicken Sohlen und Stöckelabsätzen zu kaufen, wollte Napoleon der Welt auf den Schlachtfeldern beweisen, daß er nur äußerlich so klein war, ansonsten aber der Größte. Schon fünf Jahre nach der Machtergreifung ließ er sich in Paris zum Kaiser aller Franzosen krönen, nahm ein *Zepter Karls des Großen* (= kurz vorher »gefunden«; Fälschung) in die Hand, und der Papst rückte mal wieder mit seiner berühmten Salbe an. Danach verringerte der frisch gekrönte Napoleon die Zahl der absolutistischen Herrscher in Deutschland erheblich, obwohl er dort eigentlich beim besten Willen nichts zu suchen hatte.
Die »Staaten« von 350 Reichsrittern sowie 112 Reichsbischöfen verloren ihre Unabhängigkeit. Ritter und Bischöfe waren nicht mehr Herren souveräner Staaten,

sondern ihre Zwergstaaten wurden ab 1806 Teil von Preußen, Bayern, Baden, Württemberg usw.
Nachdem Napoleon in einem Krieg gegen Österreich, Rußland und England erneut gesiegt hatte, übte er auf die zwischen Österreich und Preußen gelegenen Staaten so lange und beharrlich Druck aus, bis sie sich zu einem mit Frankreich verbündeten »Rheinbund« zusammenschlossen und aus dem »Heiligen Römischen Reich Deutscher Nation« austraten.
Gekränkt verzichtete der Habsburger Franz II. daraufhin auf die Würde eines deutschen Kaisers und nannte sich trotzig nur noch Kaiser Franz I. von Österreich.

Kurztext für Überflieger: 1806 bestand Deutschland aus: a) Preußen, b) 26 deutschen »Rheinbundstaaten«, die mit Frankreich verbündet waren und ihm Soldaten liefern mußten, sowie c) Österreich. Das erste »deutsche Reich« hatte zu existieren aufgehört. Von Goethes Mutter einmal abgesehen, war niemand traurig über das Ende dieser Fehlkonstruktion.

54.
Übermut tut selten gut – Franzosen besetzen Preußen

»Vom Erhabenen zum Lächerlichen ist nur ein Schritt.«
Napoleon Bonaparte

Inzwischen hatte der Tod Friedrich den Großen von der Gicht erlöst. Er lag in der Gruft der *Garnisonskirche*

(= Potsdam; früher DDR, z. Zt. Regierungssitz Manfred Stolpes) neben seinem Vater, dem Soldatenkönig. Noch immer hämmerte das Glockenspiel der Kirche den Potsdamern sein »*Üb immer Treu und Redlichkeit*« (= später Sendezeichen des Nazi-Rundfunks) in die Ohren, aber der neue Preußenkönig Friedrich Wilhelm III. regierte wieder von Berlin aus, wo er 1806 einen Fehler machte.

Nur weil Napoleon den Engländern Hannover versprach, wo schon damals nicht viel los war, erklärte ihm Preußen den Krieg. In der ersten großen *Stereoschlacht* (= zwei Schlachtfelder: Jena und Auerstedt) wurde die preußische Armee von 200 000 französischen Soldaten geschlagen. Innerhalb von 14 Tagen erreichte Napoleon, immer seine Hand an der Brieftasche, ohne Schwierigkeiten Berlin. Als sich der russische Zar mit dem Preußenkönig verbündete, besiegte Napoleon auch russische Truppen, und danach bestimmte, wie bei *Friedensverträgen* (= Pausengong der Geschichte) üblich, der Gewinner die Bedingungen.

Obwohl die Preußenkönigin Luise in ihrem besten Kleid einen Bittgang zu Napoleon unternahm, verlor Preußen a) sämtliche Ländereien westlich der Elbe, die Teil eines neuen Königreichs Westfalen wurden, b) jene Hälfte Polens, die Preußen mit seiner *Salamitaktik* (= scheibchenweise nach und nach) gewonnen hatte.

Eigentlich hätte Napoleon das Königreich Preußen am liebsten gänzlich aufgelöst, aber dazu konnten sich erst 140 Jahre später die Gewinner des Zweiten Weltkriegs durchringen.

Napoleon gab sich damit zufrieden, a) das erheblich verkleinerte Preußen einschließlich Berlin teilweise von

160 000 französischen Soldaten besetzen zu lassen, für deren Verpflegung und Wohngeld, b) die Preußen auch noch aufkommen mußten. Das hielt schon damals der stärkste Staat nicht aus.

Zusätzlich zu allen Übeln verfügte Napoleon, wie die meisten auf *Korsika* (= jetzt von Touristen besetzte Mittelmeerinsel) geborenen Männer, auch noch über sehr viel Familiensinn.

Der Einfachheit halber ernannte er seinen Bruder Jérôme zum König von Westfalen. Da auch die Staaten des Rheinbunds von Napoleon abhängig waren, hatten von allen Deutschen jetzt nur noch die Österreicher eine Ausrede, wenn sie nicht schleunigst *Französisch* (= wohlklingende Halskrankheit) lernten. Um das auch in Zukunft vermeiden zu können, griffen sie Napoleon an, aber die von ihnen erhoffte Erhebung in Preußen blieb aus. Erst nachdem Napoleon 1810 mit mehr als einer halben Million deutscher, italienischer, österreichischer und polnischer Soldaten Rußland überfallen hatte, ging es mit ihm eindeutig bergab.

Da in Rußland sehr viel Platz vorhanden ist, konnte der Zar a) Napoleon bis nach Moskau marschieren lassen, b) dieses nach seinem Eintreffen abfackeln sowie c) abwarten, bis die Truppen seines Gegners merkten, wie kalt der russische Winter ist.

Als bei 35 Grad minus die Soldaten des französischen Kaisers nicht nur so sehr hungerten, daß sie ihre Pferde schlachteten, sondern auch noch an ihren Kanonen und Gewehren festfroren, entschied er sich zum Rückzug. Dabei wurden seine Heere pausenlos von *Kosaken* (= winterfeste russische Soldaten; Pferde auf Ski) angegriffen. Drei Monate nach ihrem Einzug in Moskau

wankten die von Napoleons Armee übriggebliebenen 30 000 Soldaten zerlumpt und halb verhungert zurück über die Grenze zwischen Rußland und dem Großherzogtum Warschau.
Aber geben große Helden nach solchen Niederlagen etwa auf? – Mitnichten! Die Franzosen verziehen Napoleon diese Niederlage, die schließlich nur gut einer halben Million Ausländern das Leben gekostet hatte. Danach rief Napoleon unverzüglich noch mehr Franzosen zu den Waffen, weil er seine Macht stabilisieren wollte.

Kurztext für Überflieger: Rat an alle künftigen deutschen oder europäischen Regierungschefs: Auf keinen, aber wirklich *gar* keinen Fall jemals nach Rußland marschieren. Ganz gleich, was dort los ist!

55. Abschied von alten Zöpfen oder Ein Hauch von Freiheit

»Das zudringliche Eingreifen der Staatsbehörden in Privat- und Gemeindeangelegenheiten muß aufhören.«
Freiherr vom und zum Stein

Inzwischen waren die gepuderten Zöpfe des Barocks auch im *Königreich Preußen* (= erheblich verkleinert) wie in den übrigen deutschen Königreichen sowie Fürstentümern verschwunden. *Schillerlocken* gab es seit dem Tode des Dramatikers nur noch in den Fischhandlungen, und auch die Kniebundhosen mußten immer mehr *Röhrenho-*

sen (= Jeans-Vorläufer aus Wollstoff) weichen. In *Hamburg und Berlin* (= damals ca. 100 000 Einwohner) trugen mutige *Kavaliere* (= frz. für Lackaffen) auf den *Promenaden* (= absolut autofreie Straßen) nicht nur ihren Spazierstock, sondern einen kühnen Schnauzbart.

Auch in deutschen Städten gab es inzwischen *Bürger* (= nichtadlige Reiche), die sich *Petroleumlampen* (= Nachfolger der Ölfunzel) leisten konnten, aber in den Dörfern hatte sich seit dem Dreißigjährigen Krieg nur wenig geändert.

Obwohl schon der Alte Fritz die Leibeigenschaft auf seinen *Domänen* (= königliche Kolchosen) abgeschafft hatte, bestand sie auf den Gütern der *Junker* (= adlige Landeigentümer) nach wie vor.

Die unfreien Bauern durften ohne Genehmigung des Grundherrn nicht umziehen, und was die Heirat betraf, erteilten die Junker nach wie vor die dafür erforderliche Genehmigung vielfach erst, nachdem sie die Braut persönlich getestet hatten. Frondienste wurden oft auf vier bis fünf Tage in der Woche ausgedehnt. Darüber hinaus konnten die Gutsherren ihre Untertanen verprügeln, wann immer sie wollten.

Wie bisher wurden auch die Kinder Leibeigener automatisch mit der Geburt zu solchen. Die Ausübung eines Handwerks war ihnen ebenso verwehrt wie der Umzug in die Stadt.

Die Französische Revolution hatte auch dem preußischen König gezeigt, daß sich solche Verhältnisse nicht mehr ungestraft aufrechterhalten ließen. Nachdem sich Friedrich Wilhelm III. wieder einmal vergewissert hatte, daß sein Kopf noch auf dem Hals saß, erteilte er einem Berater, dem Freiherrn vom und zum Stein, die Er-

laubnis, die Verhältnisse ganz behutsam und ein wenig zu ändern.
Die Städte erhielten ein wenig Selbstverwaltungsrecht in *unwichtigeren Angelegenheiten* (= Größe des Rathauses usw.) eingeräumt. Die unfreien Bauern konnten ohne die Zustimmung des Junkers a) andere Berufe lernen, b) in die Stadt ziehen sowie c) ohne Genehmigung heiraten. Auch jedem Adligen wurde gestattet, einen bürgerlichen Beruf auszuüben, sofern er das (aus Geldmangel oder Langeweile) wollte.
Schon diese Veränderungen verärgerten die Junker erheblich. Aber nachdem der Freiherr vor Napoleon geflüchtet war, führte der *Freiherr von Hardenberg* (= auch königlicher Beamter) die Reformen weiter.
Während klammheimlich mehr Preußen als erlaubt das *Kriegshandwerk* (= Mord; damals noch nicht Massenmord) erlernten, wurden die *Zünfte* (= Wettbewerbsverhinderungsvereine) aufgehoben und die Juden zu ganz normalen Preußen erklärt. Sie brauchten künftig a) nicht mehr im *Ghetto* zu wohnen und konnten b) heiraten, wen immer sie wollten.
An der Bauernbefreiung scheiterte Herr von Hardenberg allerdings wie sein Vorgänger. Viele Bauern verloren nicht nur ihre Abhängigkeit, sondern auch das zuvor von ihnen bewirtschaftete Land. Während sie notgedrungen in die Städte zogen und dort Arbeit suchten, rückten auf den Gutshöfen *polnische Landarbeiter* (= wie heute billige Arbeitskräfte) nach.

Kurztext für Überflieger: Schon die ersten Reformen in Preußen waren ein Versuch, den Staat zu waschen, ohne ihn dabei naß zu machen. Die Ururenkel der polnischen

Landarbeiter arbeiten zur Zeit wieder für Billigstlohn auf deutschen Baustellen. Und da behaupten manche, die Geschichte wiederhole sich nicht!

56.
Alle gegen einen – Die Völkerschlacht bei Leipzig

»Ich wollte, es würde Nacht oder die Preußen kämen.«
Arthur, Herzog von Wellington

Die noch immer in Geschichtsbüchern zu lesende Behauptung, das »ganze deutsche Volk« sei gegen Napoleon aufgestanden, ist mit Sicherheit unrichtig, weil es a) ein deutsches Volk noch nicht gab, sondern nur Bayern und Preußen und Sachsen usw., sowie b) es den Tagelöhnern ziemlich egal war, von wem sie ausgebeutet wurden.

Dem preußischen König und den Junkern gingen allerdings die Kosten der Besatzung erheblich gegen den Strich.

Aber so gerne der König auch zuvor mit dem Säbel gerasselt hatte – wenn er an Napoleon dachte, küßte sein Herz sofort den königlichen Hosenboden.

In dieser Situation schloß einer der preußischen Feldherren, General York, eigenmächtig ein Bündnis mit deutschen Generälen, die inzwischen für den Zaren arbeiteten, weil der sie gut und vor allem pünktlich bezahlte. Daraufhin floh der verärgerte Preußenkönig erst mal ins von Napoleon nicht besetzte *Breslau* und ließ General York wegen Eigenmächtigkeit vor ein Kriegsgericht stellen.

Freiherr vom und zum Stein, der inzwischen vor seiner Frau und Napoleon bis nach Rußland geflohen war, mußte in einer Kutsche zu Friedrich Wilhelm reisen und stundenlang auf ihn einreden, bis sich Seine Majestät endlich zu einem Bündnis mit dem Zaren entschloß.

In einem tränentreibenden Aufruf mit der Überschrift »An mein Volk« rief der Preußenkönig dieses alsdann zu den Waffen. Damit auch wirklich alle kamen, wurde die allgemeine Wehrpflicht verkündet. Leichtsinnig versprach der König, das Volk nach dem Sieg über Napoleon an der Regierung zu beteiligen, und dieses Versprechen wirkte Wunder. Jetzt wurden die Kriege wirklich zu Befreiungskriegen, aber die Bauern und Tagelöhner, die zu den Waffen eilten, dachten dabei auch an ihre persönliche Freiheit.

Diesmal brauchten die Offiziere »ihre« Soldaten nicht mit gezogener Pistole an die Front zu treiben, sondern diese marschierten sogar, ohne geprügelt zu werden. Anfangs allerdings vergeblich.

Gegen die Heere der Preußen und Russen konnten sich Napoleons Truppen gut behaupten.

Dann schlossen sich nach längerem Zögern Österreichs Habsburger den Preußen und Russen an, und als auch England und Schweden der *großen Koalition* (= Zweckbündnis; meist gegen das eigene Volk) beitraten, hatte der Zwerg aus Korsika keine Chance mehr gegen die Übermacht.

Auf einer großen *Ebene bei Leipzig* (= Bauplatz des Völkerschlachtdenkmals) wurden Napoleons Truppen von a) drei Heeresgruppen der Verbündeten sowie b) einer

Typhusepidemie (= Seuche; wohl Folge des Leipziger Leitungswassers) in die Flucht geschlagen.
Am 31. März 1814 zogen der russische Zar und der preußische König an der Spitze von *Elitetruppen* (= Soldaten, die sich beim Töten nicht unanständig benehmen) feierlich in Paris ein, wobei sich Friedrich Wilhelm dauernd ängstlich umguckte. Er konnte noch immer nicht glauben, daß Napoleon tatsächlich besiegt war.
Zuerst versteckten die Franzosen ihren noch kleiner gewordenen Feldherrn verschämt auf der Insel Elba. Als er von dort aus noch mal die Welt zu unterwerfen versuchte, schafften ihn die Engländer nach der Schlacht von *Waterloo* sicherheitshalber nach *St. Helena* (= Insel *sehr* weit vor Angola). Von dort kam er nun wirklich nicht mehr weg und klagte über Langeweile bis zum Tode, nach welchem allerdings wenigstens seine Leiche bei der Überführung nach Paris durch den *Arc de Triomphe* (= Triumphbogen mit Gasbrenner für Ewige Flamme) gefahren werden konnte, der inzwischen zur Ehre der Grande Armée trotz der unendlichen Langsamkeit von Maurern endlich fertig geworden war.

Kurztext für Überflieger: Als Adolf Hitler 1940 an der Spitze von Elitetruppen nach Paris kam, verbeugte er sich schweigend vor der *Grabstätte Napoleons* (= Invalidendom). Dabei hat er offensichtlich beschlossen, Napoleons Fehler nicht nur zu wiederholen, sondern sogar noch zu übertreffen.

57.
Der Wiener Kongreß oder Vorwärts, wir können zurück

»Konferenzen sind die Bremsspuren der Geschichte.«
Henri Troyat

Wie nach dem Dreißigjährigen Krieg erforderte es nach dem Sieg über Napoleons Truppen erhebliche Mühe, für alle *Zukunft* (= bis zum nächsten Krieg) eine neue Ordnung zu schaffen.
Es gab schon Deutsche, die es für richtig hielten, jene Preußen und Württemberger, Sachsen und Bayern usw., die gemeinsam gegen Frankreich gekämpft hatten, sollten endlich einen gemeinsamen Staat bilden. Natürlich kam es anders, und wie immer *in solchen Fällen* (= z. B. weiterer Zusammenschluß Europas) wurde das *Volk* (= Untertanen) überhaupt nicht gefragt.
Im September 1814 reisten sämtliche Herrscher über große, kleine sowie sehr kleine Staaten Europas mit a) mehr oder weniger großem Gefolge, b) großem Pomp sowie c) Unmengen von Geistlichen, Generälen, Malern und Stahlstechern nach Wien, um während einer Langzeitparty, bei der Grundlagen für eine Neuverteilung der Welt gefunden werden sollten, ausgiebig zu feiern.
Dabei bewies *Fürst Metternich* (= Österreichs Staatskanzler; heute Sektmarke), daß er von Ludwig XIV. gelernt hatte, wie man Adlige am besten ablenkt.
Während die kleinen souveränen Herrscher, die sich nur dadurch auszeichneten, daß irgendeiner ihrer Vorfahren von einem der vielen Könige und Kaiser ein Stück Land

bekommen hatte, a) auf Bällen tanzten, b) bei Konzerten einschliefen sowie c) bei Gastmählern tafelten, stellten die wirklich Mächtigen in kleinen Arbeitsgruppen im Prinzip jene Verhältnisse wieder her, die vor der Französischen Revolution und Napoleon geherrscht hatten.
Nach dem Wiener Kongreß war Polen neu geboren, aber unter der Oberherrschaft des Zaren. Bei den Deutschen wurde ein bißchen umverteilt, aber es kam nicht zum zentral regierten Staat. Es blieb bei 39 souveränen Deutschländern, die von 39 Herren jeweils nach deren Vorstellungen regiert wurden.
Dreiunddreißig dieser Einzelstaaten hatten weniger als eine Million Staatsbürger, aber selbstverständlich a) eigene Grenzen mit Zollstationen, b) ein eigenes Reich, c) ein eigenes Wappen sowie d) nach Möglichkeit eine eigene Währung. Ein *Bundestag* (= ständiger Kongreß von Vertretern der vielen deutschen Herrscher, nicht zu verwechseln mit dem heutigen Bundestag) in Frankfurt sollte (unter dem Vorsitz Österreichs) eine halbwegs aufeinander abgestimmte Außenpolitik der Deutschländer ermöglichen, aber daraus wurde nicht viel. Schon um die Zusage, den deutschen Staaten wenigstens eine *Verfassung* (= Grundgesetz) zu geben, kümmerten sich *Österreich und Preußen* (= die einzigen Großmächte im »Deutschen Bund«) später nicht im geringsten. Das vom Preußenkönig in seinem Aufruf »An mein Volk« etwas großmäulig abgegebene Versprechen, dieses Volk wenigstens ein klitzekleines bißchen an der Regierung zu beteiligen, war vergessen. Als *Joseph Görres* (= Gründer der noch heute erscheinenden Zeitung »Rheinischer Merkur«) seinen König daran erinnern wollte, schmiß man ihn raus und verbot seine Zeitung.

Kurztext für Überflieger: Schon vor 175 Jahren war sich alle Welt darin einig, daß ein aus a) zwei großen sowie b) siebenunddreißig kleinen Staaten bestehendes »Deutschland« die wenigsten Probleme bereitet. Nach dem Wiener Kongreß glaubten die meisten deutschen Staatsbesitzer, sie hätten die alte *Ordnung* (= von den jeweils Mächtigen bevorzugte Form von Chaos) wiederhergestellt, aber das war mal wieder ein großer Irrtum. Ein neues Zeitalter dämmerte auch für die Deutschen am Horizont.

58.
Die industrielle Revolution – Der Aufstieg der Unternehmer

»Nicht mit Erfindungen, sondern mit Verbesserungen macht man Vermögen.«
Henry Ford I.

Was immer man von *Studenten* (= BAföG-Rentner) halten mag: schon Anfang des 19. Jahrhunderts erkannten sie als erste, daß etwas faul in den deutschen Staaten war. Sie schlossen sich a) zu *Burschenschaften* (= akademische Jungmännerclubs) zusammen, brachten sich b) bei *Mensuren* (= Rasuren mit Säbel) freiwillig möglichst eindrucksvolle Gesichtsverletzungen bei und trugen c) ihre *Freiwilligenuniform aus den Befreiungskriegen* (= schwarz mit roten Aufschlägen und goldenen Eichenblättern) schon deshalb weiter, weil sie ihr Geld lieber für Bier als für Zivilkleidung ausgaben.
1817 pilgerten sie zur Wartburg, um sich bei einer *Gedenkparty* (= Wartburgfest) an Martin Luther und die

Völkerschlacht zu erinnern. Abends wurde es kühl. Turnvater Jahn, der wie die meisten Sportler nicht viel von Gedrucktem hielt, schleppte einen Waschkorb voller Bücher, die vor einem vereinten Deutschland warnten, hoch zur Burg und warf sie ins Feuer. Als der Student Karl Ludwig Sand dann auch noch den Dramatiker Kotzebue erschoß, der auch gegen die Vereinigung der deutschen Ministaaten war, wurde Fürst Metternich ärgerlich. Weil der hochintelligente Österreicher ahnte, daß ein einiges Deutschland wahrscheinlich von den Preußen beherrscht würde, sorgte er a) für Wiedereinführung der Zensur, b) Überwachung von Univorlesungen sowie c) das Verbot öffentlicher Turnübungen. Diese *Maßnahmen* (= »Karlsbader Beschlüsse«, wie Karlsbader Salz ein Abführmittel, allerdings für den Wunsch nach mehr deutscher Einheit) sorgten vorübergehend für Ruhe. In den Städten aber bemerkten Kaufleute und Fabrikanten entsetzt, daß die Deutschen mal wieder einen Zug in die Zukunft verpaßt hatten.
Während in Englands großen Industrierevieren schon unzählige Maschinen in unzähligen Fabriken a) große Mengen billiger Waren, b) große Mengen Dreck und Gestank sowie c) jede Menge menschliches Elend produzierten, lebten in den Deutschländern zwei Drittel der Menschen noch immer von der Landwirtschaft. Zwar gab es seit Friedrich dem Großen in Preußens Bergwerken schon einige Dampfmaschinen, und im *Ruhrgebiet* (= später industrielles Herz Deutschlands, z. Zt. Infarktpatient) fanden, etwa seit der Zeit Napoleons, einige zaghafte Versuche statt, Stahl zu schmelzen. In England war man aber eindeutig weiter.
Als die Situation erkannt war, begann die *Industrialisie-*

rung auch hierzulande. Nachdem 1835 in Deutschland mit (nach England) zehnjähriger Verspätung eine englische Lokomotive zischend und schnaufend die ersten Eisenbahnwagen über die 6 Kilometer zwischen Nürnberg und Fürth gezogen hatte, begann der technische Fortschritt die verschlafenen Deutschen allmählich mit dröhnenden *Hammerschlägen* (= Dampfhammer; nicht mehr Wotans Hammer) aus ihrem Bauernschlaf zu wecken. 1837 gründete *August Borsig* (= Beruf: Zimmermann) seine Lokomotivfabrik, die schon 30 Jahre später die größte der Erde war. Etwa zur selben Zeit baute *Alfred Krupp* (= Beruf: Sohn) die Eisenschmelzerei seines verstorbenen Vaters zum Großunternehmen aus, dessen Kanonen bald die größten der Erde waren. *Justus von Liebig* (= Beruf: Chemiker) erfand nicht nur den *Brühwürfel* (= Fleischextrakt), sondern die Stickstoffdüngung, was der Industrie später ermöglichte, außer der Luft und dem Wasser auch noch die Nahrung der Menschen zu vergiften.

Kurztext für Überflieger: Obgleich Deutschlands Bergbau um 1840 erst 3,4 Millionen Tonnen Steinkohle förderte und seine Industrie erst knapp 200 000 Tonnen Roheisen erzeugte, während England bereits lässig jährlich 30 Millionen Tonnen Steinkohle und 1,4 Millionen Tonnen Eisen vorzeigen konnte, erkannten weitblickende deutsche Herrscher bereits, in welche Richtung die Züge der Zeit fuhren. »Ich will keine Eisenbahn in meinem Land«, nörgelte der König von Hannover. »Ich will nicht, daß jeder Schuster und Schneider so schnell reisen kann wie ich.«

59.
Der Fluch des Postillions oder Neues Elend für das Volk

»Wenn immer mehr Leute die Arbeit verlieren, führt das zu Arbeitslosigkeit.«
Calvin Cooleridge

Wie 150 Jahre später bei der *Automation* (= Roboter verdrängen Fließbandarbeiter) sowie der *elektronischen Revolution* (= Computer statt Buchhalter) gab es auch bei der industriellen Revolution Gewinner und Verlierer.

Wer mutig war, das zur Gründung einer Fabrik erforderliche *Kapital* (= richtig viel Geld) besaß oder sich beschaffen konnte und erkannte, *was gebraucht wurde* (= Stoff für Uniformen, Stahl für Waffen und Eisenbahnschienen usw.), hatte meist Erfolg.

Mit den Fabrik- und Bergwerksbesitzern entstand neben dem *Kleinbürgertum* (= Handwerker, kleine Händler, königliche Beamte) ein *Großbürgertum* (= *richtige* Kapitalisten), das reich war und immer reicher wurde.

Da in den Fabriken z. B. Stoff für Anzüge und Uniformen viel billiger hergestellt werden konnte als von Heimarbeitern im *Verlagssystem* (= siehe Kap. 36), zahlten die *Verleger* (= Arbeitgeber von Heimarbeitern) z. B. den Textilwebern immer weniger für in Handarbeit hergestellten Stoff. 1844 kam es deshalb in Schlesien zu Aufständen hungernder Weber, die mit Hilfe von Soldaten beruhigt wurden (= viele Tote). Immer mehr kleine Handwerker und Heimarbeiter drängten in die Fabriken und Kohlengruben. Vor deren aus gutem Grund meist eisernen Toren stießen sie auf jene Kleinbauern, die auf der Suche nach Arbeit die Dörfer verließen.

In den Städten war man auf die Zuwanderer nicht vorbereitet. Wohnungen waren knapp, und schon damals kostete ein enges Zimmer in einer windschiefen Bruchbude fast ein Drittel des Lohnes, etwa soviel wie heute.

Wer Arbeit fand, arbeitete sechs Tage in der Woche täglich bis zu vierzehn Stunden und verdiente so wenig, daß es nur für die Nahrung und eine billige Unterkunft reichte.

Auch wenn den adligen Großgrundbesitzern und vielen Handwerkern die Entwicklung nicht gefiel, der technische Fortschritt hatte begonnen.

Immer mehr Deutsche überwanden ihre Furcht vor der *gefährlichen Geschwindigkeit der Eisenbahn* (= 1850 = 40 km/h; schon 1900 doppelt so schnell). Sie reisten mit ihr möglichst in der ersten, zweiten oder dritten Klasse, denn in den Wagen der vierten gab es nur ungepolsterte Holzbänke und kein Dach, was bei *schlechtem Wetter* (= in den Deutschländern meistens) unangenehm war. Immer mehr *Postillione* (= Postkutscher), die zuvor Briefe und Passagiere in Pferdefuhrwerken transportiert hatten, verloren ihren sicheren Job und wurden Tagelöhner. »Wer immer in den Deutschländern Fahrgäste oder die Post befördert«, fluchte der berühmte Potsdamer Postkutscher, nachdem er zum letzten Mal seinen heißgeliebten Potsdamer Postkutschenkasten geputzt hatte, »soll noch unzuverlässiger und unpünktlicher sein als ich.« Die Zustände bei der Bundesbahn, der Post und der Telekom beweisen, daß solche Verwünschungen durchaus ernst genommen werden müssen.

Kurztext für Überflieger: Im Gegensatz zu politischen Revolutionen, die in Deutschland immer unterdrückt wurden, war die industrielle Revolution erfolgreich. Deutschland verdankt ihr a) die Fabrikeigentümer, b) die Fabrikarbeiter sowie c) massenhaft hergestellte Industrieprodukte, die sofort ihren Wert verlieren, sobald man sie gekauft hat.

60.
Immer mehr Deutsche, ein neuer Verein sowie ein Gedicht

»Deutschland, Deutschland über alles,
über alles in der Welt.«
August Heinrich Hoffmann

In der ersten Hälfte des 19. Jahrhunderts vermehrten sich die Deutschen mit einer Geschwindigkeit, die erheblich größer war als die der Postkutsche.
Von 1815 bis 1848 wuchs die Bevölkerung um mehr als ein Drittel, von 22 auf 35 Millionen Menschen. Wie bei den Deutschen nun einmal üblich, geschah das auf dem Wege der Vereinigung, ausnahmsweise diesmal allerdings nicht mit anderen Staaten. Das vor den Reformen der Freiherren Stein und Hardenberg noch *schwerhörig* (= leibeigen) gewesene Drittel des Volkes konnte a) ohne Erlaubnis des Grundherrn heiraten und hatte b) infolge des Mangels an Krieg Langeweile, was immer zur Zunahme des ehelichen und außerehelichen Geschlechtsverkehrs führt.
Die industrielle Revolution hatte zwar um 1815 begon-

nen, aber die Industrie war noch keinesfalls imstande, die gewachsene Bevölkerung zu ernähren. Auch der Kunstdünger setzte sich nicht über Nacht durch. Wie heute in nichtindustrialisierten Ländern der »dritten Welt« gab damals auch in Deutschland eine Hungerkatastrophe der nächsten die Türklinke in die Hand.

In manchen Gegenden wanderte um 1840 etwa ein Drittel der Deutschen in Bettlerzügen durch die Dörfer und bat um Nahrung.

In den Städten verelendeten Handwerker, die nach Einführung der Gewerbefreiheit nicht mehr durch ihre Zünfte vor der Konkurrenz von a) zuverlässigeren sowie b) zu weniger überhöhten Preisen arbeitenden Kollegen geschützt waren, allerdings c) mit noch billiger produzierten Industriewaren gleichfalls nicht konkurrieren konnten.

In den Fabriken hatten die Unternehmer inzwischen gemerkt, daß die Zollgrenzen zwischen und die verschiedenen Währungen in den vielen verschiedenen Deutschländern den freien Warenverkehr behinderten.

Die Industrie und der Handel verlangten immer mehr einen einheitlichen Wirtschaftsraum, und die *Dichter und Denker* (= bis auf wenige Ausnahmen – Börne, Büchner und Heine – Propagandaabteilung des Bürgertums) begannen immer lauter dafür zu trommeln.

1834 schlossen sich die wichtigsten deutschen Staaten zum »Deutschen Zollverein« unter Führung Preußens zusammen. Österreich war nicht dabei. *Fürst Metternich* (= Topmanager der Habsburger) erkannte sofort, was sich da für Deutschland zusammenbraute, nämlich die Einheit.

1841, als die Wirtschaftseinheit längst da war, schrieb

der Breslauer Uni-Professor *August Heinrich Hoffmann* (= geboren zu Fallersleben) sein Gedicht »Lied der Deutschen«, das so schlecht war, daß es alle später völlig falsch verstanden: Für jeden Deutschen sollte Deutschland, Deutschland *über allem* stehen, nicht über dem ganzen Rest der Welt!

Als Hamburger Turner Hoffmanns Verse zum erstenmal zu einer Melodie aus dem Kaiserquartett des Komponisten Joseph Haydn gesungen hatten, geriet der durch den Wiener Kongreß geschaffene Deutsche Bund ins Rutschen.

Die *Kleinbürger* (= zuviel Bildung, zuwenig Geld) drehten a) durch, forderten b) Einigkeit und Freiheit und waren c) mit diesen Forderungen zuerst allein.

Den deutschen *Großbürgern* (= zuwenig Bildung und zuviel Geld) genügte weitgehend, was sie inzwischen hatten: ein Wirtschaftsraum ohne Zölle, der groß genug war für die Bedürfnisse der Zeit.

Die deutschen Landarbeiter, Tagelöhner und Bettler, die *Mehrheit aller Deutschen* (= weder Bildung noch Geld), war zwar keinesfalls zufrieden, aber für sie war ziemlich unwichtig, wie der Staat aussah, in dem sie lebten. Sie wollten nur nicht mehr hungern. Wer sich das Geld für die Überfahrt beschaffen konnte, wanderte nach Amerika aus. Der Rest beteiligte sich, notgedrungen, weiter an der deutschen Geschichte.

Kurztext für Überflieger: Zollgrenzen zwischen deutschen Kleinstaaten wurden abgebaut, als Industrieunternehmen größere einheitliche Märkte verlangten. Weltweit tätige multinationale Konzerne verlangen noch größere einheitliche Märkte. Deshalb wird Europa jetzt umgebaut. Die Europäische Union ist derzeit auf dem Stand Deutschlands nach der Gründung des Zollvereins. Die Zölle zwischen den EU-Staaten sind weggefallen. Die *Eurowährung* (= Ende der D-Mark?) sowie die Vereinigten Staaten von Europa sind noch nicht da. Und die USA und Japan sind nervös wie seinerzeit Fürst Metternich.

61. Das Professoren-Parlament oder Fehlstart in die Einheit

> *»Ich habe heute die alten deutschen Farben angenommen. Preußen geht fortan in Deutschland auf.«*
> Friedrich Wilhelm IV.

Wie die industrielle Revolution schwappte auch die nächste politische von den Nachbarn her über die Grenzen in die Deutschländer. Die ehemaligen Franken-Wessis sind meist temperamentvoller als die früheren Franken-Ossis. 1848 gingen die Franzosen mal wieder auf die Straße und bauten *Barrikaden* (= Verkehrshindernisse aus Pflastersteinen). Auch wenn bei uns nach wie vor Ruhe als erste Bürgerpflicht galt, in den meisten der Deutschländer kam es doch zu Unruhen. In den kleineren deutschen Staaten ernannten daraufhin die erschrockenen Herrscher so schnell wie möglich *Kabinette* (= beratende Regierungen) aus Bürgern, die mehr demokratische Freiheiten sowie ein *einig Vaterland* (= Fiktion) forderten. Diese Kabinette hatten meistens nicht viel zu sagen. In Österreich kam es zu Aufständen des Volkes, das

a) Leihhäuser, Steuerämter und Fabriken stürmte, b) Läden plünderte sowie c) den Rücktritt Metternichs und seine Flucht nach England erzwang. Gleichzeitig brachen in Böhmen, Ungarn und Italien Aufstände gegen die Fremdherrschaft der österreichischen Habsburger aus.

Als auch in Berlin Barrikaden gebaut wurden, die das Militär nicht sofort wieder wegräumen konnte, verstand König Friedrich Wilhelm IV. die Welt nicht mehr. Nervös band er sich a) eine schwarzrotgoldene Armbinde um, ritt damit b) durch Berlin und gewährte c) Pressefreiheit, Versammlungsfreiheit und sogar eine Art Parlament.

1848 trat in der Frankfurter Paulskirche eine Deutsche Nationalversammlung zusammen. Ihre Abgeordneten waren a) in allen Deutschländern gewählt, b) Dichter, Akademiker (75 Prozent!), Universitätsprofessoren sowie c) der Turnvater Jahn. Diese Nationalversammlung hatte den Auftrag, die Verfassung für ein einiges Deutschland zu schaffen.

Obwohl sich die *Professoren* (= ohne Assistenten völlig hilflos) nach mehreren Monaten noch nicht einmal einig waren, ob Österreich zu dem vereinten Deutschland gehören sollte oder nicht, machte das deutsche Streben nach Vereinigung ganz Europa ziemlich nervös.

Als die Preußen mit Hilfe ihrer Truppen schon vorsorglich das dänische Schleswig-Holstein mit dem noch nicht vorhandenen Deutschland vereinigen wollten, ließ England seine Kriegsschiffe in die Nordsee auslaufen. Der Zar setzte russische Truppen zur Ostgrenze Preußens in Marsch, und der französische Botschafter verlangte Garantien für den Fortbestand der vielen Deutschländer. Unter diesen Umständen verzichtete Preußens König auf die Vereinigung mit Schleswig-Holstein, und als ihm eine Delegation der Frankfurter Nationalversammlung die Krone des deutschen Kaisers anbot, nahm er sie einfach nicht an. Er traute diesem Parlament vermutlich nicht zu, die für eine Kaiserkrönung nun einmal erforderliche Salbe des Papstes besorgen zu können.

Daraufhin fuhren die meisten Abgeordneten der Paulskirchenversammlung gekränkt nach Hause. In Österreich stellte *Feldmarschall Radetzky* (= für besondere Brutalität wie Dessauer mit einem Marsch gleichen Namens geehrt) die alte Ordnung wieder her. In Preußen vertrieben Ende 1848 Truppen unter General Wrangel das preußische Parlament aus Berlin. Der Preußenkönig hatte seine schwarzrotgoldene Armbinde schon vorher stillschweigend in die Rumpelkammer der Geschichte bringen lassen. Vier Wochen später tagte in Frankfurt wieder der Bundestag mit seinen Gesandten aus den souveränen Deutschländern, und um den Preußen zu beweisen, daß man für eine Verfassung kein Parlament braucht, erließ der König selber eine. Nach den darin enthaltenen Bestimmungen wurde das preußische Parlament nach einem *Dreiklassenwahlrecht* (= ähnlich wie bei Aktiengesellschaften: wer die meisten Anteile hat, hat das Sagen) gewählt, aber das Parlament hatte kaum Rechte.

Es konnte über den Staatshaushalt mitentscheiden, und als es das versuchte, kümmerten sich der König und seine Minister einfach nicht darum.

Kurztext für Überflieger: Die Revolution von 1848, die in Frankreich immerhin mal wieder zur Republik geführt hatte, erwies sich in den Deutschländern als Schuß in den Ofen. Die Arbeiter nutzten die Presse- und Versammlungsfreiheit allerdings, um blitzschnell Arbeitervereine zu gründen. Ein von Karl Marx und Friedrich Engels 1848 in London veröffentlichtes »Manifest der Kommunistischen Partei« fand vorerst nur wenige Leser. Dennoch war die *Revolution von 1848* (= 3000 Tote) nicht ganz ohne Folgen. In Preußen war es danach möglich, a) ohne Furcht vor der Polizei Tabak zu rauchen sowie b) Aktiengesellschaften zu gründen.

62.
Bismarcks Heringe, ein Krieg und der Norddeutsche Bund

»Nicht durch Reden und Mehrheitsbeschlüsse werden die großen Fragen der Zeit entschieden, sondern durch Blut und Eisen.«
Otto von Bismarck

Nach der gescheiterten Revolution boomte die Wirtschaft. Immer mehr Bergwerke, Stahlwerke und Fabriken lieferten immer mehr Kohle, Stahl und Maschinen. Immer mehr Eisenbahngleise verbanden die Deutschländer immer enger. 1844 hatte *Samuel Morse* (= amerikanischer Kunstmaler) seinen Telegraphen und das für diesen geeignete *Morsealphabet* (= Geheimschrift aus Strichen und Punkten) erfunden.
Auch in Preußen liefen inzwischen Telegraphendrähte neben der Eisenbahn her, wobei die *Depeschen* (= Telegramme) die Züge bereits überholen konnten.
1861 wurde Wilhelm I. nach dem Tode seines zuvor noch schnell geisteskrank gewordenen Bruders König

von Preußen und bekam sofort Probleme mit dessen Parlament, als er das Heer umorganisieren und die Dauer der Wehrpflicht verlängern wollte. Die Abgeordneten waren dagegen und blockierten einfach den Staatshaushalt. Darüber verärgert, wollte Wilhelm *abdanken* (= die Krone hinschmeißen), aber da eilte der zuvor wegen besonderer Aggressivität meist auf möglichst weit entfernte Botschafterposten abgeschobene Junker *Otto von Bismarck* (= Heringsfan, besonders marinierte mit Zwiebeln und Lorbeerblättern) aus Paris nach Berlin und redete dem König dessen vernünftige Rücktrittspläne aus. Wilhelm I. ernannte Otto von Bismarck zum preußischen *Ministerpräsidenten*, und die Raffinesse, List und Tücke, mit der Bismarck das deutsche Kaiserreich unter Preußens Leitung zusammenkleisterte, machen ihn noch immer zum Vorbild vieler nicht nur deutscher Machtpolitiker.

Zuerst marschierte er in das von den Habsburgern verwaltete Holstein ein. Die Österreicher mobilisierten daraufhin, wie für solche Fälle vorgesehen, das Heer des Deutschen Bundes. Gekränkt verließ Preußen den Deutschen Bund und erklärte ihn für erledigt.

Dies veranlaßte Österreicher, Süddeutsche, Hessen, Sachsen und Hannoveraner, mit a) gußeisernen Kanonen, b) Gewehren sowie c) schwarzrotgoldenen Armbinden gegen die *Preußen* (= Vereinsfarben: Schwarz-Weiß) in den Krieg zu ziehen.

Obwohl die Österreicher und ihre Verbündeten 475 000 *Soldaten* (= Todeskandidaten) an die Fronten schicken konnten, die Preußen aber nur 300 000, erwiesen sich die Preußen als überlegen. Die entscheidende Schlacht dieses deutsch-deutschen Krieges fand bei *Königgrätz* (= 50 000

Tote) statt und wurde von den Preußen gewonnen, was kein Wunder ist.
Sie waren schneller, weil sie a) mit der Eisenbahn zu den jeweiligen Schlachtfeldern fuhren, b) sich nur in abgehackten Kurzsätzen verständigten sowie c) jedes der neuen preußischen *Zündnadelgewehre* (= Hinterlader) sieben Schuß in der Minute abfeuern konnte, während die alten Vorderlader der Österreicher und Sachsen selbst bei größter Eile nicht mehr als zwei Schuß hergaben.
Nach der gewonnenen Schlacht hätte der Preußenkönig seine Truppen unter der *preußischen Kriegsflagge* (= z. Zt. wie die Reichskriegsflagge Zimmerschmuck von Neonazis) am liebsten bis nach Wien marschieren lassen, aber für diesen Fall drohte Bismarck seinen Rücktritt an. Er hatte gänzlich andere Pläne.
Er vereinigte Hannover, Kurhessen, Frankfurt und Schleswig-Holstein mit Preußen und schloß sich mit den Staaten nördlich des Mains zum Norddeutschen Bund zusammen, der ein Bundesstaat mit echter Zentralgewalt war.
Er hatte bereits a) einen *Bundespräsidenten* (= den Preußenkönig), b) einen *Bundeskanzler* (= Bismarck), c) einen *Bundesrat* (= Vertreter der Einzelstaaten) sowie d) einen *Reichstag* (= Parlament; wahlberechtigt alle Männer über 25 Jahren). Die Rechte von Reichstag und Bundesrat waren allerdings äußerst eingeschränkt. Noch immer ging alle Macht vom Preußenkönig aus.

Kurztext für Überflieger: Nachdem Bismarck den Deutschen Bund zerstört hatte, kam es zwangsläufig zum Krieg mit Österreich. Nach ihrer Niederlage bei Königgrätz hatten die Habsburger in den Deutschländern nichts mehr zu sagen. Preußen konnte sich mit den nördlich des Mains gelegenen Staaten zum Norddeutschen Bund vereinigen. Danach wollte es noch mehr Vereinigungen und bekam sie auch.

63.
Mit Diplomatie und Krieg – Ab ins zweite Deutsche Reich

»Setzen wir Deutschland, sozusagen, in den Sattel. Reiten wird es schon können.«
Otto von Bismarck

Was immer man Bismarck vorwerfen kann – unvorsichtig war der »Eiserne Kanzler« nicht. Vorsichtig sondierte er, was man in Frankreich zu einer Vereinigung Preußens auch mit den süddeutschen Staaten sagen würde, und die Antwort war im Prinzip wohlwollend. Wenn Preußen damit einverstanden wäre, daß sich Frankreich ein Stück von Belgien und ganz Luxemburg unter den Nagel risse, hätte es nichts gegen Preußens Pläne.
Der König der Niederlande war bereit, Luxemburg zu verkaufen, aber der geplante Deal sprach sich rum und platzte.
Beleidigt, weil man es hatte verkaufen wollen, verabschiedete sich Luxemburg von den Holländern und wurde a) souverän sowie b) später nach Einführung der Quellensteuer das Lieblingsreiseziel aller unter ihr leidenden europäischen Patrioten.
Inzwischen lernten die *Bayern, Württemberger und Badenser*

(= freundliche Weintrinker) den bürokratischen Militarismus der *Preußen* (= unfreundliche Kommißköpfe) durch den Zollverein genauer kennen. Obwohl a) deutsche Dichter und Denker, b) Nationalvereine sowie c) die *»Gartenlaube«* (= Heile-Welt-Zeitschrift für Kleinbürger; heute Richtlinie des ARD-Vorabendprogrammes) nach wie vor vom einigen Deutschland schwärmten, begannen die eigensinnigen Bayern und die sparsamen Schwaben Preußens Vereinigungsabsichten skeptischer zu betrachten.

Wenn Bismarck auch noch das südliche Deutschland mit Preußen vereinen wollte, mußte er sich sehr schnell etwas einfallen lassen, und das gelang ihm auch.

Er begann mit jedem der Herrscher der drei noch von Preußen unabhängigen süddeutschen Staaten bzw. deren Bürokraten geheime Verhandlungen über den Preis ihres Beitritts zum Norddeutschen Bund. Dabei hatte es Bismarck vergleichsweise einfach, denn die Herrscher waren a) wie immer erheblich verschuldet, b) vom militärisch überlegenen Preußen erpreßbar.

Allein der durch seine *traumhaften Schlösser* (= für das zahlende Volk Alptraumschlösser) und den unersättlichen Geldbedarf *Richard Wagners* (= Musikveranstalter mit starkem Sexdrive; teure Opern, teure Frauen) stets am Rande der Staatspleite balancierende Bayernkönig Ludwig II. ließ sich etwa 7 Millionen Goldmark für seinen Beitritt zum Preußenbund zahlen.

Nachdem die drei Herrscher gekauft waren, vergewisserte sich Bismarck zuerst, ob das Geheimbündnis Preußens mit dem russischen Zaren noch gültig war. Das war es. Der Zar wollte Rußland in Richtung Türkei weiter vereinigen und war auf die Franzosen, vielleicht we-

gen des Besuchs Napoleons, noch immer nicht gut zu sprechen.
Als das klar war, reizte Bismarck Frankreich durch a) eine Beleidigung des französischen Botschafters sowie b) die Veröffentlichung eines *verfälschten Telegramms* (= Emser Depesche) derartig, daß die Franzosen nicht mehr anders konnten, als Preußen den Krieg zu erklären.
Wie vertraglich vereinbart, eilten die süddeutschen Staaten dem Norddeutschen Bund zur Hilfe. Ihre Vereinigung mit dem Preußenbund war damit praktisch vollzogen.
Da die Deutschen nicht nur ihre Truppen sehr viel schneller an die Grenze bekamen als Frankreich, sondern mit ihren 475 000 Soldaten den etwa 280 000 Frankreichs überlegen waren, gewannen sie den Krieg.
Paris wurde a) eingeschlossen und b) belagert, und als Frankreich nach der *Schlacht bei Sedan* (= Mutter aller Kesselschlachten) kapituliert hatte, forderten die Deutschen nicht nur *Elsaß-Lothringen* (= deutsch-französischer Zankapfel), sondern auch 5 Milliarden Franc Kriegsentschädigung.
Bismarck konnte den Deutschen Bund in Deutsches Reich umtaufen, und der Rest war nur noch eine Formsache.
Nachdem Wilhelm I. wie jeder deutsche Parisbesucher durch den Arc de Triomphe marschiert war, um zu prüfen, ob die Ewige Flamme für die irgendwo ohne Grabstein verscharrten Soldaten noch ordentlich brannte, sorgte Bismarck für eine Party der deutschen Fürsten im Schloß des inzwischen längst in seiner Gruft vergammelten Ludwig XIV. zu Versailles.
Bei dieser Party las der bayerische König *Ludwig II.*

(= Wagner-Fan) dem preußischen König *Wilhelm I.* (= Bismarck-Fan) einen Brief vor, den Bismarck sicherheitshalber selbst entworfen hatte: Ludwig II. bot dem Preußenkönig die Krone eines Kaisers aller Deutschen an.

Daraufhin ließen alle Anwesenden jenen tosenden Jubel aus ihren deutschen Kehlen raus, den man zur Zeit nur auf Fußballplätzen hören kann. Das erste *richtig deutsche Reich* (= ohne Österreich) war gegründet.

Kurztext für Überflieger: Durch den Beitritt der drei süddeutschen Staaten zum Norddeutschen Bund wurde dieser zum Deutschen Reich, in dem die Süddeutschen danach etwa ähnlich viel zu sagen hatten wie die neuen Länder der Bundesrepublik in jener. Am 18. Januar 1871 hatten die Deutschen ihr einig deutsches Vaterland unter Preußens Leitung und einen nicht mehr heilig-römischen, sondern preußisch-deutschen Kaiser Wilhelm dazu. Damit hörten ihre Probleme aber keinesfalls auf, sondern sie fingen mal wieder erst richtig an.

TEIL VI:

UNSERE VORFAHREN IM ZWEITEN DEUTSCHEN KAISERREICH

64.
Bürger, Junker, Proletarier – Das Deutschland Bismarcks

*»Und es mag am deutschen Wesen,
einmal noch die Welt genesen.«*
Emanuel Geibel

Auch wenn die Methoden, mit denen Bismarck das Deutsche Reich zusammennähte, schon damals ziemlich *herb* (= Krieg) erschienen, zählt, wie ca. 120 Jahre später Historikerkollege und Kanzler Kohl ganz richtig erkannte, in der Geschichte immer nur, was hinten rauskommt.

Mit den Anschluß Bayerns, Württembergs und Badens an Preußen war das Deutsche Reich *fürs erste* (= bis zum nächsten Krieg) fertig. Es war a) vereinigt sowie b) sehr groß.

Jetzt holten die Deutschen noch mehr Kohle aus der Erde und schmolzen in noch mehr Hochöfen Stahl, den sie zu Kanonen und Granaten verarbeiteten.

Schon 1860 hatten sie Frankreich in der Industrieproduktion überholt, weil die Franzosen, im Gegensatz zu den Deutschen, vor, nach sowie während der Kanonen- und Granatenherstellung ständig Wein tranken.

Nach 1871 verbreitete sich der *preußische Lifestyle* (= soviel Soldaten, Beamte, Kanonen und Arbeit wie möglich) langsam von Preußen ausgehend im ganzen neuen Deutschen Reich.

Die *Mauern in den Köpfen* (= gesunder bzw. kranker Menschenverstand) waren allerdings schon 1871 wesentlich stabiler als Grenzzäune. Obwohl sich Bismarck bemühte, mit a) einem einheitlichen Strafgesetzbuch, b) einheitlichen Polizei- und Meldegesetzen, c) einer einheitlichen Währung sowie d) einheitlichen Maßen und Gewichten die Deutschen unter seinem *Zylinder* (= altmodischer Hut) so fest, eng und beständig wie nur vorstellbar zu vereinen, erwies sich dies als nicht einfach. Schon in den Küchen triumphierte nach wie vor der Föderalismus.

Die Bayern aßen wie immer Weißwurst und Knödel sowie *Leberkäse* (= gekochte Fleischabfälle). Die Ostpreußen aßen *Königsberger Klopse* (= geknetete Fleischabfälle). Die Württemberger aßen nach wie vor *Spätzle* (= Alemannenpasta) usw. Zwar wirkte das Deutsche Reich unter seiner damals schwarzweißroten Nationalflagge von außen betrachtet als ein mit ziemlich stabilen Schweißnähten zusammengefügter Koloß, aber lediglich *Eisbein* (= Schweinsfüße) mit Sauerkraut konnte sich als deutsches Nationalgericht durchsetzen. Politisch sah es ähnlich aus.

Den alten *Feudalherren* (= Großgrundbesitzer mit und ohne Adel) gefiel nicht, daß *Groß-Bürger* (= reiche Fabrik- sowie Bankeigentümer und Aktionäre) immer mehr Landarbeiter in die Fabriken zogen, für freien Handel ohne Schutzzölle waren und immer reicher wurden.

Der katholischen Kirche gefiel nicht, daß sie in einem von evangelischen Preußen geführten Deutschen Reich immer mehr Macht verlor und in den Schulen immer weniger zu sagen hatte. Den *Liberalen* (= an Freiheit beim Geldverdienen interessierten Großbürgern) gefiel nicht, daß sie a) in politischen Angelegenheiten auch nicht viel zu sagen hatten und b) von den adligen Großgrundbesitzern schief angesehen wurden, weil die Industrialisie-

rung *altbewährte Gewohnheiten* (= Ausbeutung der Landarbeiter) immer mehr über den Haufen warf.
Zufrieden waren anfangs viele *Kleinbürger* (= Händler, Handwerker, immer mehr Beamte sowie Lehrer), die endlich etwas hatten, auf das sie stolz sein konnten, nämlich ein deutsches Kaiserreich.
So wenig sie auch besaßen, sie waren immerhin Deutsche. Fast jeder benahm sich so, als hätte er die *Schlacht bei Sedan* persönlich gewonnen. Unter den Deutschen brach jene Seuche aus, die später weit mehr Opfer fordern sollte als die Pest: der *Nationalismus* (= Deutschland-Besoffenheit) der Spießer, die glücklich waren, wenn sie jene Stiefel lecken konnten, mit denen die Obrigkeit und deren Offiziere auf ihnen herumtrampelten.
Auch wenn diese kriecherischen Untertanen nun wirklich nichts weniger waren als Germanen – viele Hilfsbuchhalter erinnerten sich plötzlich wieder an die sogenannte *Hermannsschlacht* (= hinterlistiger Überfall) und benahmen sich, als wären sie dabeigewesen.
Ab 1875 konnten sie im Teutoburger Wald zum *Hermannsdenkmal* (= richtiger: *Arminiusdenkmal*) pilgern, und *Germania* (= Sinnbild der Römer für deren gleichnamige Provinz) bekam auf immer mehr *Stahlstichen* (= Comics des 19. Jahrhunderts) stillschweigend das Schwert einer *Walküre* (= sehr militante Wagner-Lesbe) in die Hand gedrückt.
Wenn Wotan dennoch bei der Betrachtung dieses Abschnitts deutscher Geschichte sein Haupt nicht schamhaft mit einem Stück schlecht gegerbter Ziegenhaut verhüllen muß, so einzig und allein aus einem Grund: Besitzlose Arbeiter, in den Fabriken und Bergwerken schlimmer ausgebeutet als auf den Gütern der Feudal-

herren, erkannten immer deutlicher ihre Situation. Von einer allgemeinen Verbesserung der Lebensverhältnisse infolge der industriellen Revolution konnte (noch) keine Rede sein. Ganz im Gegenteil! Der Übergang in die Industriegesellschaft verursachte ähnlich viel Elend wie derzeit der Abschied von ihr.

Kurztext für Überflieger: Schon 1851 hatte die deutsche Schwerindustrie bei der ersten Weltausstellung mit der Mutter aller Kanonen stolz ihre Visitenkarte präsentieren können, aber die deutschen Arbeiter begriffen immer mehr, daß den Fabrikeigentümern die *Maschinen* (= Vorläufer der elektronisch gesteuerten Automaten) wichtiger waren als jene, denen die Treibriemen den Kopf abrissen.

65.
Sensation in Deutschland – Arbeiter wollen besser leben

»Proletarier aller Länder, vereinigt Euch!«
Karl Marx

So elend auch das Leben der hörigen und später leibeigenen Bauern in der *Agrargesellschaft* (= Ausbeutung durch Feudalherren) gewesen war, in der *Industriegesellschaft* (= Ausbeutung durch Fabrikbesitzer) verelendeten die Besitzlosen noch mehr. Die meisten Arbeiter verdienten so wenig, daß ihr Lohn nicht einmal die Erfüllung *menschlicher Grundbedürfnisse* (= Nahrung, Kleidung, Wohnung sowie, ab 1886, Coca-Cola) ermöglichte. Frauen und Kinder mußten mitarbeiten, damit sie nicht verhungerten.

Arbeiterwohnungen waren so eng und überfüllt, daß abends die Kinder aus den Betten genommen und an die Wand gelehnt wurden, sobald sie eingeschlafen waren, damit die Eltern ins Bett gehen und gleichfalls einschlafen konnten.

1839 wurde durch ein Gesetz in Preußen die Arbeit von Kindern unter zehn Jahren gänzlich verboten. Ältere Kinder durften nur noch lächerliche 10 Stunden täglich arbeiten. Dies hatte, wie alles in Preußen, einen vernünftigen Grund.

Entsetzt hatten Militärärzte festgestellt, daß schon die jungen Wehrpflichtigen so fix und fertig waren, daß sie kaum noch *kämpfen* (= für den Staat töten und getötet werden, was denn sonst?) konnten.

Noch um 1840 dauerte in den Fabriken ein Arbeitstag 15 bis 17 Stunden. Erst zwischen 1870 und 1890 wurde er auf meist 12 Stunden reduziert. Keinesfalls aus Menschenfreundlichkeit der Fabrikanten und Bergwerksbesitzer.

Noch bei der Revolution 1848 hatten Soldaten *aufrührerische* (= mehr Rechte fordernde) Angehörige des eigenen Volks zusammengeschossen. So was passierte selbstverständlich auch später immer wieder, sogar noch im 20. Jahrhundert, aber nach der Industrialisierung wurde es zusehends schwieriger.

Zwar war *Karl Marx* (= Erfinder des Kommunismus) vor den Unterdrückern des Volkes nach Paris, Brüssel und später nach London geflohen, aber Bücher, Zeitungen und Flugschriften ließen sich seit der Erfindung der Schnelldruckpressen immer schwieriger unterdrücken. Je mehr die Arbeiter lesen lernten, desto häufiger wurde ihnen klar, daß Karl Marx mit seinen Erklärungen der

Ursachen des Arbeiterelends (= Schwerstarbeit, bezahlt mit Ultraleichtlohn) nicht völlig schieflag.
Schon im Verlauf der letztlich gescheiterten Revolution 1848 hatten sich Handwerksgesellen und Arbeiter zu Arbeitervereinen zusammengeschlossen. Dort sangen sie Arbeiterlieder, tranken Arbeiterbier und schimpften auf die *Arbeiterausbeutung* (= *immer* zuviel Arbeit sowie *immer* zuwenig Lohn).
Trotz stärkster Behinderung der Sozialisten durch den »Eisernen« Kanzler Bismarck und der Verfolgung von Gewerkschaftsmitgliedern durch die Unternehmer und den Staat erwies es sich als unmöglich, diese Arbeiterbewegung wieder aus der Welt zu schaffen. Schon bei den Reichstagswahlen 1877 hatte die Sozialdemokratische Arbeiterpartei eine halbe Million Wähler und konnte, zum Entsetzen Bismarcks und der Unternehmer, bereits 12 Abgeordnete in den Reichstag entsenden.

Kurztext für Überflieger: Wenngleich die sich auf Karl Marx berufenden *»Diktaturen des Proletariats«* (= Sowjetunion, der ehemalige Ostblock einschl. der »DDR«) inzwischen a) als Diktaturen von Funktionären sowie b) als nicht funktionierender Murks erwiesen haben – den Gegensatz der Interessen von Fabrikbesitzern und Fabrikarbeitern hat Marx richtig erkannt. Ohne Streikdrohung oder Streik läuft für Arbeitnehmer nach wie vor wenig, meistens gar nichts.

66.
Im Stechschritt zu den Bantus – Eine Denkmalsbesichtigung

»Wir Deutsche fürchten Gott, aber sonst Nichts in der Welt.«
Otto von Bismarck

Mit Recht stehen noch immer überall in Deutschland *Bismarck-Denkmäler* (= Taubenlatrinen) herum, und im gleichen Maße, wie die neuen Bundesländer in die Bundesrepublik einwachsen, wird das Metall der nach dem Ende der DDR dort von ihren Sockeln gerissenen und derzeit zwischengelagerten Denkmäler *Lenins und Stalins* (= sowjetrussische Unterdrücker) in Denkmäler für *Bismarck* (= deutscher Unterdrücker) umgeschmolzen werden. Ein Glockenspiel, das den Potsdamern wieder das »Üb immer Treu und Redlichkeit« um die Ohren drischt, ist nach dem Anschluß der DDR inzwischen wieder in Betrieb. Büsten des Alten Fritz *fürs Spanplattenregal* (= Formaldehydspender) werden in Potsdam schon massenhaft angeboten. Bismarck wird nicht mehr lange fehlen. Warum sollte er auch?

Nach der zweifelsfrei von ihm geschaffenen Vereinigung der deutschen Länder hielt er sich bis zum Ende seiner Amtszeit von kriegerischen Abenteuern klug zurück.

Die von Frankreich gezahlten 5 Milliarden Franc wurden zwar für a) die planmäßige *Aufrüstung* (= ABM für Schwerindustrie) sowie b) ein *Reichstagsgebäude in Berlin* (= ABM für Bauunternehmer) ausgegeben, aber Angriffskriege führte Bismarck nach dem Krieg gegen Frankreich nicht mehr. Selbst in seiner Kolonialpolitik vermied Bismarck

Konflikte mit England. Wenn sich das Deutsche Reich zu seiner Regierungszeit in Afrika, China sowie in der Nähe der Fidji-Inseln Kolonien unter den Nagel riß, geschah das äußerst behutsam ohne Krieg. Obgleich die Kolonien der Deutschen später, nach Bismarcks Abschied, zeitweilig zusammen fünfmal größer waren als das Deutsche Reich und es in Afrika regelmäßig Aufstände von *Hottentotten und Bantus* (= Indianer Afrikas) gab, die nicht dauernd *»Heil dir im Siegerkranz«* (= preußische Königshymne; von England geklaut) singen wollten – Bismarck hatte mit seinen wenigen Kolonien kaum Probleme. Wenn es Aufstände gab, wurden die *Unruhestifter* (= schwierige Untertanen) ausgepeitscht und, wenn das nichts half, hingerichtet. Das war aber auch schon alles.

Kurztext für Überflieger: Nach der Vereinigung der Deutschen vergrößerten sie ihr einig Vaterland lediglich um Kolonien. Da die eingeborenen Chinesen, Südsee-Insulaner und Südchinesen keinen militärischen Widerstand leisten konnten, gelang die Vereinigung, ähnlich wie die mit den neuen Bundesländern, ohne Krieg.

67.
Bismarcks Frust oder Deutsche Innenpolitik für Anfänger

»Gegen Demokraten helfen nur Soldaten.«
W. von Merckel, Dichter

Genaugenommen war das Deutsche Reich noch immer eine kaum beschränkte Monarchie. Der Kaiser konnte den Reichskanzler jederzeit entlassen. Die Reichstagsabgeordneten hatten zwar bei der Gesetzgebung und beim *Staatshaushalt* (= Steuern und Staatsausgaben) ein Mitspracherecht, aber letztlich entscheiden durften sie nicht. Der von den Preußen beherrschte *Bundesrat* (= wie heute Vertretung der Länder) schränkte die Macht des deutschen Kaisers auch nicht ein.

Wenn der Reichskanzler Bismarck unter Wilhelm I. praktisch machen konnte, was er wollte, dann weil dieser Kaiser nicht gerne regierte.

Er zog es (wie jeder vernünftige Mensch) statt dessen vor, a) zu jagen, b) zu verreisen sowie c) sich vom jetzt vereinigten deutschen Volke verehren und lieben zu lassen.

Für solche zweifellos vernünftige Lebensgestaltung hatte Bismarck vorerst keine Zeit. Dafür hatte er zu viele Probleme mit seinen Deutschen.

Durch die Trennung von Kirche und Staat sowie die Einführung der *Standesämter* (= Trauscheinfabriken) hatte er die Macht der Kirchen und die Sehnsucht der katholischen Deutschen nach einem gemeinsamen Reich mit dem Österreich-Ungarn der Habsburger zu verringern versucht.

Trotzdem saß eine starke katholische Partei namens *Zentrum* in der Mitte des Reichstags und wagte es immer häufiger, ihm zu widersprechen.

Durch *Altersrente sowie eine Unfall- und Krankenversicherung* (= Hauptstricke des »Sozialen Netzes«, inzwischen ziemlich durchgescheuert) hatte er die Not kranker und alt gewordener Arbeiter wenigstens etwas zu mindern versucht und damit die zur Zeit stattfindende Abschaffung der *Kinder* (= früher Versorger alter Eltern) vorbereitet.

Zu seinem Kummer hielten die Großbürger schon dieses bescheidene System sozialer Sicherung für ausgesprochen *asozial* (= gewinnmindernd). Wer nicht mehr arbeiten konnte, sollte nach Ansicht der Fabrikbesitzer auch nicht mehr essen bzw. von seinen Kindern gefüttert werden.

Zu Himbeereis mit Schlagsahne wurde das Leben der Industriearbeiter aber auch durch Krankenkasse und Mini-Altersrenten nicht. Das Fernsehen und die *Tranquilizer* (= Beruhigungsmittel, rosarote Sonnenbrille für die Seele), mit denen man heute die Menschen ruhigstellt, waren noch nicht erfunden. Immer wieder kam es zu Arbeiterunruhen, die von der Polizei bzw. der Armee niedergeprügelt wurden.

Notgedrungen hatte Bismarck ein zeitlich befristetes *Sozialistengesetz* (= Verbot sozialistischer Vereine, Ausweisung sozialdemokratischer Politiker) erlassen, aber auch das hatte die Arbeiter nicht beruhigt.

Die Sozialdemokratische Arbeiterpartei saß trotzdem mit immer mehr *Abgeordneten* (= damals noch Volksvertreter) links im Reichstag. Sie war besser organisiert als je zuvor und wagte es immer häufiger, Bismarck immer lauter zu widersprechen. Dennoch schaffte es Bismarck, durch die Einführung von *Schutzzöllen* (= Schutz der Deutschen vor billigen Rikschas aus Korea) jene *Konservativen* (= Grundherrenlobby) auf seiner Seite zu halten, die im Reichstag rechts saßen. Aber es wurde immer schwieriger, das große vereinte Deutschland zu regieren. 1878 hörte die Zusammenarbeit Bismarcks mit den *Liberalen* (Unternehmerlobby) auf, deren Hälse damals offensichtlich vielfach noch zu steif für Bismarcks »konservative Wende« waren.

Kurztext für Überflieger: Trost für alle Bundeskanzler: Selbst ein Parlament, das nicht viel zu sagen hatte, bereitete dem Reichskanzler Bismarck oft erhebliche Schwierigkeiten. Genau das ist die Aufgabe einer jeden Volksvertretung.

68.
Machtwechsel in Deutschland – Bismarck wird Rentner

»Macht mir den rechten Flügel stark!«
Alfred von Schlieffen, General

1888 starb Kaiser Wilhelm I., der seinem Kanzler vertraut und alles unterschrieben hatte, was Bismarck ihm vorlegte. Wilhelms erster Nachfolger, zur Abwechslung mal wieder ein Friedrich, saß kaum auf dem Thron, da starb er schon an Kehlkopfkrebs.
Automatisch, wie es sich in einer *Erbmonarchie* (= der Staat ist Familieneigentum) nun einmal gehört, rückte Wilhelm II. einen Platz vor. Dies war zweifellos ein Unglück für das damals seit knapp 18 Jahren einige deutsche Vaterland.
Eine Körperbehinderung ist wirklich nichts, dessen sich ein Mensch schämen müßte, aber Wilhelm II. sah das leider anders. Die Natur hatte seinen linken Arm etwas kürzer gestaltet als den rechten, und schon als Kronprinz hatte Wilhelm wegen dieser »Behinderung« entsetzliche Komplexe, obwohl er als Monarch nicht zur Arbeit gezwungen war und deshalb einen linken Arm überhaupt nicht brauchte.
Einfach unter die Jacke stecken konnte Wilhelm den

Arm nicht, das hätte an Napoleon erinnert. Notgedrungen stützte Wilhelm seinen Arm, wo immer es möglich war, auf einen Säbel. Schon als Kind war er wütend gewesen, wenn ihn seine nicht gerade *liebevolle Großmutter* (= Königin Viktoria von England) wegen seines verkürzten linken Flügels aufgezogen hatte, und dafür mußten die Deutschen teuer bezahlen.

»Ein Chefneurotiker auf dem deutschen Kaiserthron«, stöhnte *Sigmund Freud* (= Österreicher), der gerade die *Psychoanalyse* (= Seelenklempnerei) erfunden hatte. »Das kann nur Ärger bringen!« Diesmal hatte Freud, ausnahmsweise, einmal recht. Wilhelm II. wollte a) selber regieren, das heißt sozusagen sein eigener Reichskanzler sein und war b) gleichzeitig dumm genug, sich für klüger zu halten, als es Bismarck, trotz seiner *Fehler* (= Horror vor Demokratie), zweifellos war. Das konnte nicht gutgehen.

Als Bismarck 1890 nach Verdoppelung der Zahl sozialdemokratischer Abgeordneter infolge einer Wahl die Verfassung ändern wollte, damit sie ihn im Reichstag nicht noch mehr ärgern konnten, spielte Wilhelm II. nicht mit. Ein kleiner Junge mit dem Vornamen Adolf, der ein Jahr zuvor in *Braunau* (z. Zt. Österreich) geboren wurde und noch Windeln trug, sollte derlei später wesentlich lockerer handhaben, aber Kaiser Wilhelm war aus Prinzip gegen jede Art von Staatsstreich. Lieber schmiß er Bismarck als Reichskanzler ganz einfach raus, das heißt, er ließ ihn sein Entlassungsgesuch schreiben. Danach saß der Eiserne Kanzler als eiserner Frührentner auf seinem Gut, hackte dort sehr viel Holz und züchtete Doggen, während Wilhelm II. das von Bismarck mit List und Tücke geschaffene Gleichgewicht in Europa durch eine Mischung aus a) Größenwahn und b) hochneurotisch eingefärbtem Politdilettantismus zu zerstören begann.

Kurztext für Überflieger: Um der ganzen Welt und vor allem seiner Großmutter zu beweisen, daß man auch mit einem kurzen Arm zupacken kann, schmiß Wilhelm II. den gescheiten Reichskanzler Bismarck so schnell wie möglich raus. Auf die von ihm erfundene *Altersrente* (= damals monatlich 16 Mark; z. Zt. erneut Zielvorgabe für das Jahr 2000) war Bismarck allerdings nicht angewiesen. Sicherheitshalber hatte er vor seiner Entlassung noch schnell aus einer Staatskasse 231 000 Goldmark genommen, und die wagte kein Beamter zurückzufordern.

69.
Es ist erreicht – Das Deutsche Reich als Café Größenwahn

> *»Wenn Ich euch befehle, eure eigenen Verwandten,*
> *Brüder, ja Eltern niederzuschießen,*
> *müßt ihr Meine Befehle ohne Murren befolgen.«*
> Wilhelm II., Ansprache an Rekruten

Ende des 19. Jahrhunderts war der von Bismarck gepflanzte *Baum des vereinten Deutschland* (= Eiche, militaristisch furniert) schon zu einem kräftigen Gewächs geworden, das immer eindrucksvoller blühte.
Wie zuvor Preußen war jetzt ganz Deutschland vom Militär und der Bürokratie straff durchorganisiert. In immer mehr Hochöfen und Walzwerken, in immer mehr

und größeren Maschinen- und Chemiefabriken wurde immer mehr produziert.
Zwar hatten sich die Besserverdienenden um 1880 noch nicht wie zur Zeit mehr als 50 Prozent ihres Einkommens vom Staat abnehmen lassen, aber der Staat langte dafür bei den indirekten Steuern um so kräftiger zu. Das reichte allemal für einen gutfunktionierenden Obrigkeitsstaat. Die noch immer meist adligen Offiziere gaben den Ton an. Ein Reserveleutnant war weit geachteter als ein Uniprofessor.
Die Ansicht, man solle das Denken den Pferden überlassen, weil sie bekanntlich einen größeren Kopf haben, hatte sich, von den *Großbürgern* (= Schnellrechnern) und *organisierten Arbeitern* (= meist Langsamdenkern) einmal abgesehen, im einigen Deutschland durchgesetzt. Die *preußischen Tugenden* (= Sauberkeit, Fleiß sowie Unterwürfigkeit) bewährten sich, wie beim Militär, auch in der Wirtschaft.
Wer als Kaufmann mit den Warenhäusern nicht konkurrieren konnte oder als Handwerker nicht mit den Fabriken, sah vielfach schon jetzt nicht im wirtschaftlichen und technischen Fortschritt die Ursache seiner Sorgen, sondern in den Juden. *Minderheiten* (= z. Zt. Asylbewerber) sind als Blitzableiter für den Volkszorn zu allen Zeiten hervorragend geeignet.
Zwar hatten keinesfalls Juden die *Dampfmaschine und den Gasmotor* (= Jobkiller für Handwerker bzw. Kutscherpferde) erfunden. Ihnen gehörten auch keinesfalls die Krupp- oder Borsigwerke.
Sie übten allerdings oft *krisenfestere Berufe* (= damals noch Arzt, Rechtsanwalt usw.) aus, was es den *Demagogen* (= Volks- bzw. Irreführer) einfach machte, den Neid

frustrierter katholischer oder evangelischer Spießer auf die jüdischen Nachbarn zu lenken und ihnen die Schuld an allen Übeln der Welt in die Schuhe zu schieben. Antisemitismus wurde in konservativen Kreisen salonfähig. Verfolgt und verbrannt wurden jüdische Deutsche allerdings im 19. Jahrhundert nicht. Das finstere Mittelalter erschien endgültig überwunden.
Schon 1881 wurden in Berlin die *Straßenbahnen* nicht mehr sämtlich von Pferden gezogen, sondern bereits auch von Elektromotoren angetrieben. Ab etwa 1885 klingelten auch in deutschen Fabriken, Banken und Warenhäusern immer mehr Telephone. 1885 fuhr Gottlieb Daimler stolz mit seiner *dreirädrigen Motorkutsche* (= Trabi-Vorbild, 0,75 PS) von Mannheim nach Pforzheim.
Die an *deutschen Universitäten* (= damals die weltbesten) ausgebildeten Ärzte, Chemiker und Ingenieure vollbrachten eine Spitzenleistung nach der anderen, und sogar für die Arbeiter fiel etwas dabei ab.
Robert Koch entdeckte den Tbc-Erreger, und die Dauerhungrigen wußten jetzt wenigstens, wie die Schwindsucht funktioniert, an der sie massenweise starben.
Um die Jahrhundertwende lebten im Deutschen Reich (= ohne Kolonien) 55 Millionen Menschen, und immer deutlicher erwies sich, daß dieses Reich, trotz seiner inneren Konflikte, vor Kraft kaum gehen konnte.
»Es ist erreicht«, dachten vor Stolz besoffen selbst die Handlungsgehilfen und Hilfsbuchhalter, und auch wenn sich die Sozialisten aus Protest Vollbärte wachsen ließen – die Generäle wollten auch beweisen, was das einig deutsche Vaterland jetzt war.
Das deutsche Heer wurde erheblich vergrößert, und weil dem Kaiser die englische Vorherrschaft auf den Meeren

gewaltig auf die Nerven ging, wurde ab 1900 eine riesige deutsche Kriegsflotte auf Kiel gelegt. Wilhelm II. wollte aller Welt beweisen, daß vereinigte Deutsche keine Nichtschwimmer sind.

Kurztext für Überflieger: Nach ihrer Vereinigung zum Deutschen Reich bauten die Deutschen dieses mit preußischer Gründlichkeit zur industriellen und militärischen Großmacht aus. Wer jetzt ein kaisertreuer deutscher Mann war, der griff seine Gesichtshaare solange mit Schere und Pomade an, bis sein Bart (= Rotzbremse) dem seines Kaisers glich.

70.
Viel Feind', viel Ehr' – Ein Attentat und seine Folgen

»Ich kenne keine Parteien mehr, ich kenne nur noch Deutsche.«
Wilhelm II., Rede an den Reichstag

So blöd die Kaiser von Österreich und Deutschland sowie der russische Zar 1914 auch zweifelsfrei waren – Kriege fallen nicht vom Himmel.
Frankreich war durch den Verlust Elsaß-Lothringens ebenso gedemütigt wie durch die *Reparationszahlungen* (= Kriegsschadensersatz) an Deutschland.
Nach der Niederlage 1871 hatte Frankreich a) den Wunsch, so was nicht noch mal zu erleben, b) ebenso kräftig aufgerüstet wie das Deutsche Reich sowie c) durch nationalistische Propaganda für Kriegsstimmung gesorgt.

England fühlte sich durch die vergrößerte deutsche Handelsflotte wirtschaftlich bedroht und durch die deutsche Kriegsflotte militärisch.
Österreich hatte wie immer Mühe, sein Habsburgerreich unter der *Fuchtel* (= Rute) zu halten. Serbien war 1882 zu einem selbständigen Königreich geworden und mit Rückendeckung des Zaren bestrebt, sich so schnell wie möglich mit den Habsburgerprovinzen Bosnien und Herzegowina zu vereinigen.
Um diese Vereinigung zu beschleunigen, erschoß 1914 ein Terrorist mit dem schönen Namen *Gavrilo Princip* (= Mitglied der Serbenvereinigung »Schwarze Hand«) aus nun wirklich *»prinzipiellen Gründen«* (= Selbstbestimmungsrecht) das österreichische Thronfolgerpaar. Die Habsburger kochten vor Wut.
Obwohl sein Österreich-Ungarn nicht mehr zum Deutschen Reich gehörte, hatte Kaiser Franz Joseph irgendwo in seinem Schreibtisch noch einen uralten Beistandsvertrag mit dem deutschen Kaiser.
Den holte Franz Joseph jetzt raus und erkundigte sich in Berlin, ob Wilhelm II. noch dazu stehen würde. Jeder halbwegs intelligente Monarch, selbst der riskanten Abenteuern nicht abgeneigte Alte Fritz, hätte nach einem kurzen Blick auf die Landkarte im Hinblick auf a) die Annäherung zwischen Rußland und Frankreich, b) die Risse in Österreich-Ungarn sowie c) Englands noch immer mächtige Flotte entsetzt den Kopf geschüttelt. Der deutsche Kaiser blickte statt dessen auf seinen verkürzten Arm und nickte treudeutsch.
Daraufhin erklärte Österreich-Ungarn Serbien den Krieg. Rußland eilte Serbien zur Hilfe, und auch die deutschen Generäle bekamen endlich etwas zu tun.

Wilhelm II. hatte zwar Bismarcks Bündnisvertrag mit dem Zaren nicht verlängert, aber dafür Pläne für einen Krieg gegen Frankreich in der Schublade. Diese Pläne ließ er jetzt rausholen, abstauben, dann erklärte Deutschland Frankreich den Krieg.
Da der Landweg von Deutschland nach Frankreich nun einmal über Belgien bzw. Luxemburg führt, marschierten die deutschen Truppen dort ein, und jetzt hatte auch Englands Regierung endgültig die Nase voll von jenem säbelrasselnden deutschen Kaiser mit dem kurzen Arm, über dessen Gefasel von einem »deutschen Platz an der Sonne« sie sich seit langem ebenso ärgerten wie über seine großen Schlachtschiffe. Sie erklärten Deutschland auch den Krieg.

Kurztext für Überflieger: Auf dem Balkan sind von alters her gegensätzliche west-, mittel- und südeuropäische, panslawistische und türkische Interessen derart ineinander verheddert, daß es dort immer wieder zu gefährlichen politischen Verkehrsunfällen kommt.

71.
Der Erste Weltkrieg Teil 1: Die ersten vier Wochen

»Je planmäßiger die Menschen vorgehen, desto wirksamer trifft sie der Zufall.«
Friedrich Dürrenmatt

Im August 1914, als in den Briefkasten des Reichskanzlers mehr Kriegserklärungen geworfen wurden als Wer-

bedrucksachen, verwechselten die Regierungen und der größte Teil der Deutschen und Franzosen die bevorstehende militärische Auseinandersetzung offensichtlich mit einer Übung auf dem Exerzierplatz bzw. mit einem verspäteten Vatertagsausflug.
Die Propaganda für a) die Überlegenheit deutscher Tapferkeit, b) die Besonderheit deutschen Wesens sowie c) die unvergleichliche Qualität von Büchsenöffnern made in Germany hatte sich, im Bündnis mit dem nun tatsächlich sehr guten deutschen Bier, in den deutschen Köpfen zu der Wahnvorstellung deutscher Unverwundbarkeit verdichtet.
Tausende und aber Tausende junge Männer, Studenten, Buchhalter, Bauern und Arbeiter hielten sich für *Siegfried* (= Drachenmörder) und eilten jubelnd als Freiwillige zu den Waffen. Auch ein junger Österreicher namens Adolf Hitler eilte wütend dem bayerischen Heer zur Hilfe, weil ihn die *Wiener Kunstakademie* (= Gebirgsmalerfabrik) klugerweise zurückgewiesen hatte. Das Heer nahm jeden auf, und nachdem sich Hitler freiwillig gemeldet hatte, konnten die Deutschen und Österreicher endlich losmarschieren.
Zuerst sah es aus, als würde die Frechheit einmal mehr siegen.
An der Westfront kamen die deutschen Truppen wie geplant schnell vorwärts. Genau betrachtet sogar so schnell, daß die Generäle dem Erfolg plötzlich nicht mehr trauten und ihre Truppen freiwillig wieder zurückzogen.
An der Ostfront drangen zwei russische Armeen nach Ostpreußen ein, wo die Deutschen nur sehr schwache Verteidigungskräfte stationiert hatten. Krieg gegen Ruß-

land war aber in den Plänen des deutschen Generalstabs erst für a) später bzw. b) am besten gar nicht vorgesehen.
In aller Eile wurden jetzt deutsche Truppen von der Westfront an die Ostfront in Marsch gesetzt, wo sie allerdings erst ankamen, als sie dort nicht mehr gebraucht wurden.
Da die Generäle der beiden russischen Armeen so verfeindet waren, daß sie a) nicht miteinander redeten, b) sich gegenseitig in die Irre führten sowie c) sich sogar manchmal angespuckt haben sollen, konnte der deutsche General Ludendorff die Soldaten beider Armeen nacheinander in Ruhe abschlachten bzw. in die Flucht schlagen lassen.
Den *Ruhm und die Ehre* (= höchst fragwürdige fiktive Werte) für diese Siege heimste allerdings der *Generaloberst Paul Hindenburg* (= 67 Jahre alter Grufti) ein, den der deutsche Generalstab aus dem Ruhestand geholt hatte, weil General Ludendorff erst 49 Jahre alt war und so junge Leute bei den Deutschen keine Schlachten gewinnen durften.

Kurztext für Überflieger: In den ersten vier Wochen des Ersten Weltkriegs erzielten die deutschen Truppen an beiden Fronten eindeutig Erfolge.

72.
Der Erste Weltkrieg Teil 2: Die restlichen vier Jahre

»Von der Westfront ist nichts Neues zu melden.«
Bericht des Hauptquartiers, 1914

Nach der Rücknahme der deutschen Truppen an der Westfront kam es dort zum »Stellungskrieg«, bei dem sich die Soldaten in Befestigungsanlagen befinden und so gut wie möglich umbringen. Dabei werden sie aus der *Etappe* (= sicheres Hinterland, Aufenthaltsort der Generäle) mit Munition, Nahrung und lebendigen Soldaten versorgt bzw. von toten Soldaten entsorgt. Aber soviel Stahl die auf Hochtouren laufenden Industrien auch zu Waffen und Munition verarbeiteten, die tief gestaffelt hintereinanderliegenden Stellungen an der Westfront aus a) Schützengräben, b) Stacheldraht sowie c) zum alsbaldigen Verbrauch bestimmten Soldaten erwiesen sich als letztlich unüberwindlich. Auch auf dem Schlachtfeld verdrängte die Technik die Kriegshandwerker.
Maschinengewehre, Granaten, Handgranaten und Minen zerfetzten allein vor Verdun innerhalb von nur fünf Monaten mehr als eine halbe Million Menschen.
Allein bei der Schlacht an der *Somme* verbluteten in knapp zwei Monaten 550 000 Menschen im Dauerfeuer der Geschütze, sofern sie nicht an einem neuen Produkt erstickten, mit dem die deutsche chemische Industrie einmal mehr ihren Entwicklungsstand demonstrierte: Giftgas, made in Germany.
Hatten bei Kriegsbeginn an den Fronten etwa 10 Millionen Soldaten auf beiden Seiten gekämpft, waren es bald

74 Millionen, die sich gegenseitig ins Massengrab bzw. ins Lazarett zu befördern versuchten.
Über die Schlachtfelder rumpelten inzwischen *Tanks* (= Sardinenbüchsen, aber für Menschen), in denen die Panzerfahrer und Schützen verbrannten.
Durch die Luft knatterten die ersten klapprigen Bombenflugzeuge. Piloten noch klappriger Jagdflugzeuge holten sie vom Himmel, sofern sie nicht vorher selbst brennend und schreiend auf die Erde zurückgestürzt waren. Die Zivilbevölkerung hinter der Front wurde allerdings nicht bombardiert.
Durch den Atlantik schlichen deutsche U-Boote, die England auszuhungern versuchten und dabei versehentlich einen amerikanischen Passagierdampfer versenkten, und danach waren auch die USA so verärgert über das Deutsche Reich, daß sie ihm den Krieg erklärten.
Zwar zog sich Rußland 1918 nach der dortigen Oktoberrevolution und einem Waffenstillstandsvertrag aus dem Ersten Weltkrieg zurück, aber da hatte Deutschland denselben bereits militärisch und wirtschaftlich gegen seine Gegner drei Jahre zuvor verloren. Das Problem bestand nur noch in dem Umstand, daß deutsche Generäle so was a) niemals einsehen sowie b) schon gar nicht zugeben können.
Erst als 1918 eine erneute Offensive a) an der Westfront eine weitere Million Deutsche unter die Erde gebracht hatte, aber b) ansonsten völlig gescheitert war, riet die deutsche Oberste Heeresleitung zum Waffenstillstand auch an den restlichen Fronten.

Kurztext für Überflieger: Im Ersten Weltkrieg starben auf den Schlachtfeldern achteinhalb Millionen Menschen.

Mehr als 21 Millionen wurden verwundet. Deutscher Erfindungsgeist bewährte sich aber auch diesmal: Der Chirurg Ferdinand Sauerbruch erfand die durch Gliedstumpfmuskeln bewegliche Prothese.

73.
Ab nach Holland oder Der Fehlstart in die Republik

»Ich habe englisches Blut, und deshalb verstehe ich auch etwas von der Politik.«
Wilhelm II.

Obwohl die *Heeresleitung* (= Kriegsmanager) inzwischen einsah, daß sie einen *Megaflop* (= sehr großen Mißerfolg) produziert hatte, erteilte die Marineleitung der deutschen Hochseeflotte noch im Oktober 1918 den Auftrag, einen Großangriff gegen englische Schlachtschiffe zu unternehmen, um die *Ehre* (= Wahnvorstellung) der schwimmenden Truppen zu retten. Da hatte das deutsche Volk vom Krieg *endgültig* (= bis zum nächsten Mal) die Nase voll.
Die Matrosen hörten den Befehl an, tippten sich an die Stirn und weigerten sich endlich, solche sinnlose Anweisungen weiter zu befolgen.
Dieser *Aufstand* (= Erleuchtung des Volkes) breitete sich von der Küste ins Inland aus. Überall hatten die Menschen genug vom Krieg und vom Kaiser. In vielen Städten wurden Arbeiter- und Soldatenräte gebildet. Kaiser Wilhelm II. dankte ab und flüchtete vor a) den Franzosen und Engländern sowie b) deutschen Aufständi-

schen nach Holland und reichte c) seinen Rentenantrag ein.
Am 9. November 1918 trat gleichfalls des Kaisers Reichskanzler unter dem Druck von Aufständischen zurück. Er übergab die Regierung an *Friedrich Ebert* (= Chef der Sozialdemokraten im Reichstag) und sah zu, daß er sich auch so schnell wie möglich aus dem Staube machte. Vorsichtig, wie regierende Sozialdemokraten nun einmal sind, wollte Friedrich Ebert die Entscheidung über die künftige Staatsform Deutschlands einer vom Volke zu wählenden Nationalversammlung überlassen, aber zum Kummer ihrer Parteivorsitzer machten manche Sozialdemokraten schon damals, was sie wollten.
Als Karl Liebknecht, Boß des *Spartakistenbundes* (= sehr, sehr linke Sozialdemokraten), das Deutsche Reich zur *Räterepublik* (= Kommunismus) erklären wollte, rannte *Philipp Scheidemann* (= halb mittlerer Sozialdemokrat) zu einem Fenster des Reichstags und rief in aller Eile die *Parlamentarische Republik* (= kein Kommunismus) aus.
»Die wollten ja immer eine Republik«, sagte danach der letzte deutsche Kaiser gekränkt zu einer gesunden holländischen Kuh. »Aber die werden schon noch merken, was sie davon haben.« Dann wartete er auf seinem eilends von der Großmutter der Filmschauspielerin Audrey Hepburn gekauften Wasserschloß in *Doorn* (Holland), bis ihm die neue deutsche Regierung wenigstens sein *wichtigstes persönliches Eigentum* (= 58 Eisenbahnwagen voll Möbel, Juwelen sowie Kunstwerke) nach Holland geschickt hatte. Danach malte er mit seinen Buntstiften schöne Zeichnungen und zerkleinerte jede Menge Holz. Im Gegensatz zu Bismarck, der lieber hackte, bevorzugte Wilhelm dabei allerdings die Säge. Schon am 30. Okto-

ber 1919 hatte er elftausend Stämme in Kaminholz verwandelt und sich dabei vermutlich eins in die kaiserliche Faust gelacht.
Das Deutsche Reich, das er dem Volk übergeben hatte, war nämlich so pleite, wie es ein Staat nur sein kann.

Kurztext für Überflieger: Als die Niederlage des Deutschen Reiches beim besten Willen nicht mehr verheimlicht werden konnte, übergaben der Kaiser und sein Reichskanzler den vom Reich übriggebliebenen Schrott notgedrungen dem deutschen Volk. Die siegreichen Kriegsgegner Deutschlands weigerten sich, mit den Machthabern des deutschen Kaiserreiches über einen Friedensvertrag auch nur zu reden.

TEIL VII:

UNSERE VORFAHREN IN DER WEIMARER REPUBLIK

74.
Der Versailler Vertrag sowie Demokratie als Sturzgeburt

»Herr Ebert, ich lege Ihnen das Deutsche Reich ans Herz.«
Reichskanzler Max von Baden

Im Deutschen Reich ging es nach der Flucht des Kaisers drunter und drüber.
Arbeiter- und Soldatenräte verlangten die Errichtung einer *Räterepublik* (= Kommunismus), wie sie gerade im russischen Reich des inzwischen samt seiner Familie von Revolutionären ermordeten Zaren eingerichtet wurde. Adlige Großgrundbesitzer und Generäle der Reichswehr waren verärgert über den Abschied des Kaisers und wollten am liebsten so schnell wie möglich wieder einen neuen.
Die Deutschen, jahrhundertelang zu gehorsamen Untertanen erzogen, hatten nicht nur a) Hunger, sondern b), fast schlimmer noch, keinen, der ihnen sagte, was sie zu tun hatten.
In aller Eile bastelten jetzt Reichstagsabgeordnete die *Weimarer Republik* (= Demokratie mit Konstruktionsfehlern), die als erstes eine Delegation nach Versailles schicken mußte. Diesmal allerdings nicht zu einer Party, sondern zur Unterzeichnung eines unangenehmen Friedensvertrags.
Wie immer bestimmten die Sieger die Bedingungen. Diesmal kassierte Deutschland nicht wie nach dem vorherigen Deutsch-Französischen Krieg, sondern es wurde zur Kasse gebeten.

Elsaß-Lothringen wurde wieder mit Frankreich vereinigt. Die preußischen Provinzen Posen und Westpreußen sowie Hinterpommern wurden mit Polen vereinigt, das zu diesem Zwecke neu gegründet wurde.
Deutschlands mühevoll zusammengeklaubten Kolonien wurden unter die Siegermächte aufgeteilt, das Saargebiet für 15 Jahre unter das Mandat des Völkerbundes (= UNO-Vorgänger) gestellt usw.
Damit die Deutschen nicht gleich wieder einen neuen Krieg anfangen konnten, wurde ihre allgemeine Wehrpflicht abgeschafft. Schlimmer noch: Sie durften sich nur noch ein Landheer mit höchstens 100 000 Soldaten halten, was schon der Alte Fritz für sein Preußen als völlig unzureichend angesehen hätte. Sicherheitshalber mußte das Deutsche Reich rechts und links des Rheins entmilitarisierte Zonen schaffen. Für den Wiederholungsfall wollte Frankreich wenigstens eine längere Vorwarnzeit. Am schlimmsten aber war zweifellos, daß Deutschland und seine Verbündeten als Verursacher des Krieges sämtliche Schäden bezahlen sollten.
Obwohl der Umfang dieser Schäden noch nicht einmal genau ausgerechnet war, ging ein einziger Protestschrei durch das wesentlich verkleinerte Deutsche Reich, in dem nicht nur a) nach dem verlorenen Krieg wie zuvor Sozialdemokraten und Konservative, Liberale und Nationalisten und ab 1919 auch noch Kommunisten gegeneinander kämpften, sondern in dem man, wie sollte es auch anders sein, b) von Demokratie keine Ahnung hatte. Dennoch gelang es den Deutschen nicht nur, a) erstmalig *vom ganzen Volke* (= sogar einschließlich der Frauen!) eine Nationalversammlung wählen zu lassen, sondern auch b), sich auf eine neue Verfassung zu einigen, nach der alle

Macht, zum erstenmal in der deutschen Geschichte, nun wirklich vom Volke ausging und durch dessen Abgeordnete ausgeübt wurde.

Kurztext für Überflieger: Nach dem Ersten Weltkrieg hatten die Deutschen nicht nur wie ihre Gegner den Verlust unzähliger Menschenleben zu beklagen, sondern das Deutsche Reich wurde a) rechts und links kleiner geschnitten sowie b) zum Schadensersatz aufgefordert. Die erste Amtshandlung der Demokraten war eine Reise nach Versailles – eine Variante des Gangs nach Canossa von Heinrich IV.

75.
Die Weimarer Republik – Demokraten als Konkursverwalter

> *»Eine Republik zu bauen aus den Materialien*
> *einer niedergerissenen Monarchie*
> *ist freilich ein schweres Problem.«*
> Georg Christoph Lichtenberg

Nach der Niederlage im Ersten Weltkrieg sah es im Deutschen Reich zuerst aus wie bei Hempels unterm Sofa.

Wie stets nach dem Ende von *Kriegen* (= auch der Wirtschaftskrieg Ronni Reagans gegen die Sowjetunion war einer!) hatte die Industrie Probleme, sich von der Waffen- auf die Kochtopfherstellung umzustellen. Es gab sehr viele Arbeitslose. Auch Adolf Hitler war als solcher in München hängengeblieben. Er jobbte als Anstreicher, trank das gute bayerische Bier und las *Schundliteratur*

(= alles außer Goethe, Schiller sowie Karl May), in der a) von der besonderen Überlegenheit der germanischen Rasse sowie b) von der Minderwertigkeit anderer Rassen die Rede war. Das gefiel Hitler, denn es gab ihm endlich etwas, auf das er stolz sein konnte. Neger war er nicht und Slawe, Jude oder Zigeuner seines Wissens nach auch nicht. Davon abgesehen ging es in Deutschland immer mehr drunter und drüber.
In der aberwitzigen Annahme, die Kriegskosten wieder von den Verlierern bezahlen lassen zu können, hatte sich des Kaisers Regierung derartig verschuldet, daß die Währung noch schneller an Wert verlor als derzeit nach der Vereinigung der Bundesrepublik Deutschland mit der ehemaligen DDR.
Hatte ein Kilo Roggenbrot 1917 in *Berlin* (= damals Europas größte Industriestadt) noch 34 Pfennig gekostet, so kostete es schon im Januar 1923 1428 Mark und im November desselben Jahres 201 Milliarden Mark. Die Löhne stiegen im selben Maße, aber wer gespart hatte, dessen Geld war infolge der *Inflation* (= Geldwertverlust als Ergebnis staatlicher Wirtschaftspolitik) wertlos.
Gleichzeitig wurde die neue Republik, die gerade auf schwachen Beinchen das Laufen zu lernen versuchte, von *radikalen Linken* (= Kommunisten) und *radikalen Rechten* (= Ultrakonservative sowie Deutschnationale) bedrängt. Demokraten waren Mangelware. Die meisten Deutschen hielten Parlamentarismus für Führungsschwäche.
Auch Adolf Hitler trat 1919 der winzigen »Deutschen Arbeiterpartei« bei, taufte sie in Nationalsozialistische Deutsche Arbeiterpartei (= NSDAP) um und wurde schnell ihr Vorsitzender. Seine bellende Stimme konnte

bei Parteiversammlungen in Kneipen und Biergärten den Lärm am leichtesten durchdringen.
Obgleich *Rosa Luxemburg* und *Karl Liebknecht* (= Mitgründer der Kommunistischen Partei Deutschlands) vorsorglich schon 1919 von Antikommunisten ermordet wurden, kam es in ganz Deutschland immer wieder zu Unruhen. 1920 ließen rechtsradikale Offiziere, wütend über die im Vertrag von Versailles geforderte Verkleinerung der Wehrmacht sowie erbitterte Feinde der Republik, das Berliner Regierungsviertel besetzen und erklärten die gewählte Regierung für abgesetzt. Die Reichswehr weigerte sich, der Regierung zur Hilfe zu eilen, weil deutsche Soldaten, so hieß es, nun mal nicht auf andere deutsche Soldaten schössen.
Daraufhin traten im ganzen Deutschen Reich die Arbeiter und Angestellten in den Generalstreik. Der Anführer des Aufstandes, der Ostpreuße Wolfgang Kapp, flüchtete ins Ausland, und kaum war er weg, bemächtigte sich eine deutsche »Rote Armee« des Ruhrgebietes.
Diesen Aufstand konnte die Reichswehr sehr schnell niederschlagen. Auf deutsche Arbeiter zu schießen waren deutsche Soldaten schließlich seit jeher gewohnt.
Auch die Generäle, die den Deutschen die Katastrophe eingebrockt hatten, rissen wieder immer lauter das Maul auf. Nicht sie seien am Nachkriegselend schuld, erklärten sie im Brustton tiefster Überzeugung, sondern die demokratische Regierung, die in Versailles die Friedensbedingungen der Sieger entgegengenommen hatte. Daß diese Regierung keine andere Wahl hatte, wurde dabei verschwiegen.
Als wäre all das allein nicht schon genug gewesen, die Regierung in Verzweiflung zu treiben, hatte der Finanz-

minister des Deutschen Reiches auch noch 1921 die Rechnung der Alliierten erhalten.
Insgesamt sollte das Deutsche Reich 132 Milliarden Goldmark Schadensersatz zahlen. Abgesehen davon, daß es Schäden in derartigem Umfang trotz seiner erheblichen Bemühungen wohl kaum hatte anrichten können – diese Forderung überstieg bei weitem die Möglichkeiten Deutschlands. Es konnte ja nicht mal seine für die deutsche Rüstung aufgenommenen Anleihen zurückzahlen.

Kurztext für Überflieger: Während Kaiser Wilhelm II. noch immer in Holland Baumstämme zersägte und die erste vom Volke gewählte Regierung des Deutschen Reiches das durch den Ersten Weltkrieg entstandene Chaos zu ordnen begann, flitzte die für die Geschichte der Deutschen offensichtlich zuständige *Kali* (= indische Schreckensgöttin) schon wieder durch ihre Giftküche, um die Zutaten für die nächste Katastrophe zusammenzurühren.

76.
Silberstreifen am Horizont – Erste Erfolge der Demokraten

»Und mit Eifer und Bedacht,
wird das Nötige vollbracht.«
Wilhelm Busch

Trotz des von ihren Vorgängern hinterlassenen *erheblichen Chaos* (= Inflation plus Kriegsschulden) und gegen den Widerstand von Großgrundbesitzern, der Großindustrie und des größten Teils des Militärs gelangen den ersten Regierungen der jungen deutschen Republik anfangs beachtliche Erfolge. Zwar hatte es auch bei der Wahl einer zum demokratischen Deutschen Reich passenden Flagge jede Menge Krach gegeben, aber *Schwarz-Rot-Gold* (= für Demokratiefeinde: Schwarz-Rot-Senf) hatte gewonnen. Bald brauchten die allmählich wieder sangesfreudiger werdenden Deutschen für ihre *neue Nationalhymne* (= Deutschlandlied, alle Strophen) keine Noten mehr. Ihr Staat, der endlich nicht mehr irgendwelchen Königen oder Kaisern gehörte, begann immer besser zu funktionieren. Zwar erklärte in der Nacht vom 8. auf den 9. November 1923 Adolf Hitler die Regierungen a) des Deutschen Reichs und Bayerns für abgesetzt sowie b) sich selbst zum Reichskanzler, aber mit diesem Staatsstreichversuch Hitlers wurde das Militär schnell fertig. Als die *Putschisten* (= Staatsstreicher) zur *Münchener Feldherrnhalle* (= Weihe- sowie Wallfahrtsstätte deutscher Kriegsbewunderer) marschierten, wurde ihr kurzer Marsch mit Hilfe der bewährten deutschen Maschinengewehre gestoppt.

Adolf Hitler erkannte, daß er durch einen Putsch nicht an die Macht kommen konnte, und zog die Unterwanderstiefel an. Seine Partei begann um Sitze im Reichstag zu kämpfen. Dabei hatte sie zuerst nur geringen Erfolg. Bald waren die Deutschen erleichtert, weil sie nach einer Währungsreform a) nicht mehr mit Milliarden und Billiarden rechnen mußten sowie b) schon für eine neue *Rentenmark* (= 1 Jahr später auf Reichsmark umgetauft) endlich wieder etwas kaufen konnten.

Als die USA nicht nur die Bezahlung der deutschen Reparationen in Raten durchsetzten, sondern der deutschen Industrie Milliarden Dollar liehen, ging es eindeu-

tig wieder aufwärts. Beim Tode des Reichspräsidenten Friedrich Ebert fehlte den Deutschen zu ihrem Glück nur ein Kaiser, den die Verfassung der Republik allerdings nicht mehr vorsah.
Notgedrungen entschied sich die *ewiggestrige Mehrheit der Deutschen* (= Konservative und Reaktionäre) für einen Ersatzkaiser, der zwar mit seinen inzwischen 77 Jahren ziemlich *gaga* (= senil, altersblöd) war, aber immerhin oft mit Kaiser Wilhelm II. gefrühstückt hatte.

Kurztext für Überflieger: Nachdem die Nachkriegsunruhen abzuflauen begannen, probte Adolf Hitler mal kurz den Aufstand und wurde dafür zu fünf Jahren Festungshaft verdonnert. Sobald es den Deutschen wieder etwas besserzugehen begann, holten sie eine Mumie aus der Rumpelkammer ihrer Geschichte: Opa Hindenburg, der wenigstens den Gewinn zweier Schlachten nicht verhindert hatte, wurde zum Dank dafür zum Präsidenten des Deutschen Reiches gewählt.

77.
Das Ende einer Scheinblüte – Die Weltwirtschaftskrise

»Wir werden Reichstagsabgeordnete, um die Weimarer Demokratie lahmzulegen.«
Joseph Goebbels, 1928

Um 1927 war das Deutsche Reich ein Staat, dem das Ausland wieder vertraute. Ein neuer Reichskanzler namens Stresemann, der mit Vorliebe *gestreifte Hosen* (= Diplomatenjeans) trug, hatte sich an die früheren Gemeinsamkeiten der Franken-Ossis und -Wessis erinnert. Zusammen mit dem französischen Außenminister bemühte er sich, zwischen Deutschen und Franzosen so was wie Freundschaft herzustellen. Das klappte immer besser. Deutschland wurde sogar in den *Völkerbund* (= UNO-Vorgänger) aufgenommen.

Albert Einstein dachte sich eine Theorie aus, die so genial war, daß sie kein Mensch verstand. Thomas Mann schrieb Romane, die so dick waren, daß sie kein Mensch bis zum Ende lesen konnte. Deutsche Chemiker, Ärzte und Physiker kassierten einen *Nobelpreis* (= Stiftung des Dynamiterfinders) nach dem anderen.

Vor Freude, daß es wieder aufwärtsging, begannen jene Deutschen, die es sich leisten konnten, a) ihre Zigaretten mit Hilfe 40 cm langer Zigarettenspitzen zu rauchen, b) sich immer auffälliger anzuziehen sowie c) zu einer neuen Musik zu tanzen, die amerikanische Neger aus Freude an der Sklavenarbeit erfunden hatten; dem Jazz.

Am Schwarzen Freitag, dem 24. Oktober 1929, hörte das alles mit einem Schlag auf. Die Amerikaner, schon immer Freunde von Aktienspekulationen und riskanten Investitionen, hatten eine derart unvernünftige Wirtschaftspolitik betrieben, daß ihre Volkswirtschaft blitzartig den Bach runterging.

Wie später a) nach dem Zweiten Weltkrieg, b) nach dem Korea-Krieg sowie c) nach dem kalten Krieg geriet die ganze Welt in eine *Weltwirtschaftskrise* (= Totalschaden der Volkswirtschaften). Deutschland wurde besonders hart getroffen, weil die Amerikaner, wie demnächst vielleicht die Japaner, a) alles verliehene Geld zurückforderten sowie b) eine Welt, die fast pleite war, keine deutschen

Waren mehr kaufen konnte. Zusätzlich hatte Deutschland auch noch unbezahlte Rechnungen aus dem letzten Krieg herumliegen.
Wie zur Zeit entließen die Betriebe immer mehr Arbeiter und Angestellte, die wie zur Zeit nur selten einen neuen Arbeitsplatz fanden. 1932 waren in Deutschland sechseinhalb Millionen Menschen arbeitslos.
An ein *soziales Netz* (= Rettungsring für Lebensschiffsbrüchige) war damals noch nicht zu denken. Die Arbeitslosen hungerten und standen in langen Schlangen vor den Kesseln der *Heilsarmee* (= Halleluja-Schwestern) und waren glücklich, wenn sie einmal am Tag einen Teller *Suppe* (= warmes Wasser mit Geschmack) bekamen.
Manche versprachen sich die Rettung aus der Not vom Kommunismus, andere von der inzwischen wesentlich größeren NSDAP Adolf Hitlers.
Inzwischen hatten die großen Parteien *Privatarmeen* (= Schlägertrupps), die durch die Straßen marschierten und nur deshalb mit a) den Fäusten, b) Schlagstöcken sowie c) Hämmern und Sicheln gegeneinander und gegen den Staat kämpften, weil die meisten keine Schußwaffen besaßen.

Kurztext für Überflieger: Infolge der durch die Weltwirtschaftskrise wieder erheblich angestiegenen Arbeitslosigkeit bekamen Rechts- und Linksradikale noch mehr Zulauf. Nazis und Kommunisten prügelten sich, wobei die Nazis meist gewannen, weil ihre *SA* (= Sturmabteilung, Prügeltruppe) nicht nur *eindrucksvolle Uniformen* (= braun, was denn sonst?) trug, sondern besser organisiert war.

78.
Kommunisten gegen Nazis 0:1 – Hitler wird Reichskanzler

»Staatsmänner sind wie Chirurgen:
Ihre Irrtümer sind tödlich.«
François Mauriac

Schon vor der Wirtschaftskrise war es für die Parteien im Reichstag nicht immer einfach gewesen, sich auf einen von der Mehrheit der Abgeordneten unterstützten Reichskanzler zu einigen.

Da die Abgeordneten für den Reichstag mit Hilfe einer sehr schlichten *Verhältniswahl ohne 5-Prozent-Klausel* (= Konstruktionsfehler Nr. 1 der Verfassung) gewählt wurden, reichten 60 000 Wählerstimmen für einen Reichstagssitz.

Je mehr Stimmen die demokratiefeindlichen Parteien bekamen, desto schwieriger wurde es, eine Regierung zu bilden.

Schließlich konnten sich die Abgeordneten der fast drei Dutzend Parteien überhaupt nicht mehr einigen.

In einem solchen Falle hatte der Reichspräsident *das Recht, einfach eine Regierung zu ernennen*, die ohne Zustimmung des Parlaments durch Notverordnungen herrschte (= Konstruktionsfehler Nr. 2 der Verfassung).

Von diesem Recht machte Opa Hindenburg immer gern Gebrauch. Nachdem er schon zuvor mehrere andere Reichskanzler ernannt hatte, überredeten ihn einige Konservative und Industrielle schließlich 1933, es doch mal mit Adolf Hitler zu versuchen. Dessen *NSDAP* hatte mit einem Drittel der Abgeordneten zwar auch nicht

die Mehrheit, aber sie war inzwischen die stärkste Partei.
Von einem Reichskanzler Hitler erwarteten a) immer noch kaisertreue Konservative, b) Generäle der Reichswehr, c) viele Industrielle sowie d) deutschnationale Professoren eine starke autoritäre Regierung, die erneut für *Deutschlands Aufstieg* sorgen würde.
Opa Hindenburg war inzwischen so vertrottelt, daß er jedesmal aufs neue staunte, wenn er seinen Kopf auf einer Briefmarke entdeckte. Er ernannte Adolf Hitler zum Reichskanzler.

Kurztext für Überflieger: Sowohl die Kommunisten als auch die Nazis wollten die Weimarer Republik *von Anfang an* vernichten und durch die jeweils eigene Diktatur ersetzen. Da die Nazis a) die bessere Werbeabteilung, b) die brutaleren Schlägertrupps sowie c) zahlreiche Industrielle auf ihrer Seite hatten, gelang es ihnen 1933, ihren Parteiführer auf den Kanzlersessel zu heben. Damit war die Weimarer Republik, eine Demokratie mit zuwenig Demokraten, am Ende.

TEIL VIII:

UNSERE VORFAHREN IM SOGENANNTEN DRITTEN REICH

79.
Heil Hitler, Frau Müller – Das Reich als Nazidiktatur

> *»Nicht die Diktatoren schaffen Diktaturen, sondern die Herden.«*
> Georges Bernanos

Wie immer man es dreht und schiebt, die meisten Deutschen jubelten, als sie endlich wieder einen richtigen Führer hatten, bei dem nicht mehr lange demokratisch diskutiert und demokratisch abgestimmt wurde, sondern der ihnen klar und deutlich sagte, wo es langging.

Nachdem ein Geisteskranker wie auf Bestellung das Reichstagsgebäude abgefackelt haben sollte, schaltete Adolf Hitler die Opposition aus und baute den Staat um. Kommunisten und Sozialdemokraten, die nicht schnell genug geflüchtet waren, konnten sich jetzt vielfach nur in Gefängnissen und Konzentrationslagern streiten, welcher Weg zum *Sozialismus* (= Herrschaft der vielen Schwachen über die wenigen Starken) der bessere sei.

Meinungs- und Pressefreiheit wurden abgeschafft. Richter, Beamte und Polizisten, die nicht schon Mitglieder der *NSDAP* waren, wurden durch solche ersetzt.

Die Reichstagsabgeordneten schickten sich mit Hilfe des *Ermächtigungsgesetzes* (= Parlamentsselbstmord) in den Urlaub, aus dem sie nicht zurückkehrten.

Nach Hindenburgs Tod riß sich Hitler auch noch das Amt des Reichspräsidenten unter den Nagel. Aufgelöst wurden auch die Parlamente in den *Ländern des Reichs* (= Bayern, Preußen usw.), die Landesregierungen wurden durch *Reichsstatthalter* (= Mini-Hitlers) ersetzt.

Schon um sich den Arbeitsplatz zu erhalten, traten jetzt immer mehr Deutsche in die Nazipartei ein.
Erschreckt bemerkten viele konservative Großgrundbesitzer, Kaisertreue und Deutschnationale, daß Adolf Hitler alles andere war als eine Art neuer und jüngerer Kaiser Wilhelm II., den sie sich gewünscht hatten, doch die meisten Deutschen jubelten Hitler trotzdem zu.
Sie jubelten, als er die schwarzrotgoldene Staatsflagge durch die Hakenkreuzfahne ersetzte. Sie jubelten, als er anordnete, daß sich die Deutschen nur noch mit »Heil Hitler« sowie hochgehobenem rechten Arm grüßen durften.
Sie jubelten, wenn er bei Massendemonstrationen mit seiner eindrucksvoll hysterisch kreischenden Stimme brüllte, daß die Weimarer Demokraten das Volk am Ende des Ersten Weltkriegs verraten hätten. Sie jubelten, wenn er a) das Ausland, b) die Juden und Kommunisten, c) die Slawen und Zigeuner sowie d) Intellektuelle (besonders schwule!) zur Ursache aller Not und aller Sorgen erklärte.
Manche jubelten sogar noch, als die ersten Pflastersteine in die Schaufenster von Geschäften jüdischer Kaufleute flogen und Synagogen abgebrannt wurden, aber wer sich auch nur ein bißchen in der Geschichte auskannte, der jubelte nicht, denn er begriff, was sich in Deutschland ereignete: ein Rückfall ins finsterste Mittelalter, aber mit der fortgeschrittenen Technik einer Industriegesellschaft.
Die meisten Deutschen dachten nicht so weit.
Sie jubelten, als Nazis alle Bücher verbrennen ließen, die nicht in deren Konzept paßten. Sie jubelten, wenn Hitler jedem Deutschen *ein eigenes Auto* (= Volkswagen) ver-

sprach, und sie jubelten, als er einen Arbeitsdienst einrichtete und a) die Jungen in der »Hitlerjugend« zu Soldaten sowie b) die Mädchen im »Bund Deutscher Mädel« zu Gebärmaschinen programmieren ließ.
Sie jubelten – und wer nicht jubelte, der wurde von der *Geheimen Staatspolizei* (= Folterknechte in Zivil) oder der *SS* (= Folterknechte in schwarzen Sadomasoklamotten) zusammengeschlagen und/oder in Konzentrationslager gesperrt.

Kurztext für Überflieger: Wer nicht aus Begeisterung jubelte, der jubelte alsbald aus Furcht. Wer nicht voll auf die Nazis abfuhr, der wurde von ihnen abgefahren: in die Gefängnisse oder Konzentrationslager, die schon 1933 eingerichtet wurden.

80.
Die wunderbare Herstellung eines großdeutschen Reiches

> *»Die achtundvierzig Stunden nach dem Einmarsch ins Rheinland waren die aufregendsten meines Lebens.«*
> Adolf Hitler

Es ist unbestreitbar, daß es Gründe dafür gab, daß sehr viele Deutsche von der Diktatur der Nazis begeistert waren.
Die Weltwirtschaftskrise flaute wieder ab. Die deutsche *Rüstungsindustrie* (= ABM der Nazis) lief auf Hochtouren. Sie stellte Waffen für die längst geplanten Eroberungskriege her. Der schon zur Zeit der Weimarer Republik

geplante Autobahnbau begann endlich, wobei der Führer alle fünfhundert Meter selbst eine Schaufel in die Hand nahm, um sich fotografieren zu lassen. Bezahlt wurde das auf die übliche Weise: Der Staat machte riesige Schulden – unter Hitler allerdings in derartiger Höhe, daß die löbliche Absicht, sie irgendwann zu tilgen, ausgeschlossen werden kann.

Arbeitslose fanden wieder Arbeit, und jetzt war die Industrie begeistert, daß die Nazis die Gewerkschaften verboten hatten. Arbeiter durften nicht mehr streiken.

Vor jüdischen Geschäften bauten sich SA-Schläger auf, die jeden daran hinderten, dort zu kaufen. Darüber freuten sich viele nichtjüdische Kaufleute, die endlich weniger Konkurrenz hatten.

Viele Juden verschleuderten jetzt ihren Besitz zum geringen Bruchteil seines Wertes an *Arier* (= Deutsche mit staatlich geprüften Großeltern), zahlten die horrende *Reichsfluchtsteuer* (= Austrittsgeld) und gingen ins Ausland.

1936 testete Hitler dann zum erstenmal die Handlungsbereitschaft der deutschen Nachbarn.

Obgleich das Rheinland nach dem Vertrag von Versailles eindeutig eine entmilitarisierte Zone war und auch noch eine Weile bleiben sollte, ließ er dort deutsche Truppen einmarschieren. Voll Sorge wartete er auf die Reaktion Frankreichs und war verblüfft. Von ein paar *Protestnoten* (= schwaches c-Moll) abgesehen, passierte nichts.

Erleichtert begann er, mit dem schon vor Hitler in Italien an die Macht gekommenen faschistischen Diktator Benito Mussolini über die Vereinigung Deutschlands mit Österreich zu verhandeln und ließ seine Truppen 1938 dort einmarschieren. Jetzt jubelten die Österreicher. Auch diese Vereinigung war nach dem Vertrag von Versailles unzulässig, aber die Briten hatten schon vorher erkennen lassen, daß sie diese Teilwiedervereinigung des Heiligen Römischen Reiches wenig interessierte. Überflüssig, es noch zu erwähnen: Auch als Hitler die inzwischen entstandene Tschechoslowakei als Protektorat Böhmen-Mähren ins großdeutsche Reich eingliederte, passierte erst einmal nichts, was Hitler hätte bemerken können.

Kurztext für Überflieger: Nach der Machtübernahme Hitlers ließ sich Europa mindestens dreimal *kräftig gegen das Schienbein treten* (= Verletzungen des Friedensvertrags von Versailles), ohne zurückzutreten. Gegenüber Diktatoren ist das immer falsch. Der Führer hielt sich danach für genial und nahm auch die englisch-französische Garantieerklärung für den Bestand Polens nicht sonderlich ernst.

81.
Im Gleichschritt marsch II. – Der totale Nazistaat

»Die Masse könnt ihr nur durch Masse zwingen.«
Johann Wolfgang von Goethe

Inzwischen hing oder stand bei *vielen Deutschen* (= besonders aus dem Mittelstand; Kleinbürger) ein Gemälde oder Foto *Adolf Hitlers* (= inzwischen deutscher Staatsbürger) an jener Stelle, wo vorher das Bild des Kaisers gehangen oder gestanden hatte. Bei den Gottesdiensten

beteten die Pfarrer und Pastoren vielfach ebenso für die Gesundheit und ein langes Leben des Führers, wie sie zuvor für den Kaiser gebetet hatten.
Obgleich das deutsche Volk nun wirklich kein germanisches, sondern ein Mischvolk ist, trugen viele noch jene urgermanischen *Gene* (= Koffer mit Erbmasse) in sich, welche die Franken und Thüringer und Sachsen, die Baiern und Alemannen und wie sie alle hießen, schon in der Frühzeit der Menschheit gezwungen hatten, jedem hinterherzulaufen, der laut genug »Mir nach!« brüllte.
Gewiß, Hitler sah nun wirklich nicht aus wie *Siegfried* (= Nibelungenmacho), aber das alte *Königsheil* (= Aberglaube der Germanen) war durch die Not der Nachkriegsjahre wieder aktiviert worden. Und Hitlers Propagandaminister Joseph Goebbels, der seinen Klumpfuß in einer Rede als Ideengenerator bezeichnete, lieferte den Deutschen eine erstklassige Show.
Bei Parteitagen, die grundsätzlich in *Nürnberg* (= Heimat besonders dünner Bratwürstchen) veranstaltet wurden, marschierten *uniformierte* (= besser: un*in*formierte) Deutsche a) im Gleichschritt sowie b) in riesigen Massen durch die Stadt und jubelten, wenn Hitler ihnen erklärte, daß Russen, Polen, Juden, Zigeuner usw. minderwertige Untermenschen seien, Deutsche dagegen Herrenmenschen, die viel zuwenig Platz in ihrem Reich hätten.
In unzähligen regelmäßigen Veranstaltungen, Treffen und Tagungen der NSDAP und des Reichsarbeitsdienstes, der Hitlerjugend und des Bundes Deutscher Mädel, des Deutschen Frauenbundes, Deutschen Ärztebundes, des Bundes deutscher Hundezüchter usw. lauschten die Deutschen fasziniert den Reden ihrer unzähligen kleinen Unterführer und Unterführerinnen. Damit der Führer

und seine Unterführer das Gehirn ihrer Deutschen selbst dann jederzeit erreichen konnten, wenn diese sich in ihrer Wohnung befanden, hatten geniale deutsche Ingenieure ein deutsches Einheitsradio entwickelt. Es war a) sehr billig sowie b) derart leistungsschwach, daß es nur den Empfang deutscher Sender ermöglichte. Ausländische Radioprogramme zu hören war schließlich sowieso verboten.

Kurztext für Überflieger: Durch Massenveranstaltungen und regelmäßige Versammlungen der Parteimitglieder sowie der Mitglieder zahlloser Naziverbände und Nazibünde erreichte es der Führer, die Deutschen so zu bündeln, daß sich der einzelne Mensch völlig unwichtig und wertlos fühlen mußte. Selbst wer ins deutsche Bett kroch und sich die deutsche Wolldecke über den deutschen Kopf zog, den erreichte die Stimme des deutschen Führers noch durch den deutschen Volksempfänger.

82.
Der Zweite Weltkrieg, Akt eins: Die schnellen Blitzsiege

»Wenn wir diesen Krieg verlieren, dann möge uns der Himmel gnädig sein.«
Hermann Göring, Naziminister

Inzwischen hatte das Deutsche Reich seine als nächstes *geplante Vereinigung* (= die mit Polen) so gut wie möglich vorbereitet.
Es hatte Abkommen mit Italien und Japan geschlossen.

Wie schon Friedrich der Große mit dem adligen Zaren hatte sich Adolf Hitler mit Josef Stalin über die erneute Teilung Polens geeinigt.
Eine deutsche »Legion Condor« hatte im Bürgerkrieg an der Seite des spanischen Faschisten Generalissimo Franco moderne deutsche Waffen getestet und für gut befunden.
Im Sommer 1939 saß Hitler a) genervt in der Reichskanzlei, las b) Kapitel 70 von »Körners endgültiger Geschichte der Deutschen« und suchte c) nach einem Vorwand für den Angriff auf Polen. Da kein Pole so unklug war, ihm einen solchen zu liefern, verkleidete die SS schließlich Häftlinge als Polen, ließ sie den deutschen Sender Gleiwitz angreifen, und danach lief alles wie geplant.
»Ab heute wird zurückgeschossen«, kreischte des Führers Stimme aus allen Volksempfängern. Dann fielen motorisierte deutsche Truppen in Polen ein und vernichteten dessen sich verzweifelt wehrende kleine Armee. Vierzehn Tage später begann von Osten her der Einmarsch sowjetrussischer Truppen, die sich die Arbeit mit den Deutschen teilten. Polen kapitulierte knapp vier Wochen nach dem Angriff.
Während die SS polnische Soldaten, Juden sowie Zigeuner zusammentrieb und massenweise erschoß, trieben sowjetische Truppen polnische Offiziere zusammen und erschossen diese massenweise. Das große Massenmorden hatte begonnen.
Da Frankreichs und Großbritanniens Botschafter sofort nach dem deutschen Angriff auf Polen ihre Kriegserklärungen in den Briefkasten des Führers geworfen hatten, waren diese beiden Länder die nächsten auf Hitlers Welteroberungsfahrplan.

Nachdem deutsche Truppen, gleichsam als Nebenbeschäftigung, Dänemark, Schweden, Holland und Belgien besetzt hatten, bewegten sich wieder einmal starke deutsche Panzerverbände Richtung Paris. Dabei wurden die Verteidigungsanlagen der *Maginot-Linie* (= hervorragende Grenzschutzanlage!) erst umgangen, dann von ihrer Rückseite her erobert.
Zwar gelang britischen Truppen, die auf Frankreichs Seite gekämpft hatten, der *Rückzug* (= geordnete Flucht) nach England, aber ansonsten war das Unternehmen kein Erfolg.
Vier Wochen nach dem Überfall auf Frankreich war Paris von Deutschen besetzt.
Adolf Hitler konnte endlich die Gasflamme am Arc de Triomphe checken und sich dann vor Napoleons Grab schweigend verneigen. Selbst die deutschen Generalstabsoffiziere hielten ihren *Führer* nach diesen schnellen Siegen für genial. Er selbst betrachtete sich nur bescheiden als den *größten Feldherrn aller Zeiten* (= Gröfaz).

Kurztext für Überflieger: Wer nicht vor den Deutschen kapitulierte, wurde sehr schnell von ihnen besiegt. Frankreich allerdings verdankt seine Niederlage zusätzlich auch der Borniertheit seines Obersten Verteidigungsrates. Immer wieder hatte dessen Sekretär, ein gewisser *Charles de Gaulle* (= Gaule = Gallier; Asterix, aber 2 Meter groß), geraten, sich auf das Morden mit Hilfe schneller beweglicher Panzer vorzubereiten. Die *Sieger von Verdun* (= Maginot-Gläubige) hatten ihn jedesmal ausgelacht. Aus Ärger über die französische Niederlage eilte de Gaulle nach London, wo er Leiter des Komitees Freies Frankreich wurde.

83.
Der Zweite Weltkrieg, Akt zwei: Der langsame Stillstand

»Nur das zu tun, was alle wollen, ist das Geheimnis jeder Macht.«
Johann G. Kinkel

Nach den schnellen Siegen bei den Blitzkriegen jubelten die Deutschen noch lauter. Deutsche Soldatenfrauen jubelten, wenn ihnen ihre Männer teure französische Spitzenblusen schickten. Die deutsche Industrie jubelte, da sie immer mehr Zwangsarbeiter bekam, die Waffen und nochmals Waffen herstellen mußten. Die Juden und Zigeuner wurden in allen besetzten Ländern zusammengetrieben und in Viehwagen in Konzentrationslager deportiert. Der deutsche Massenmord an Wehrlosen begann bald mit preußischer Gründlichkeit.

Nachdem die I.G.-Farben 1941 das Giftgas Zyklon B entwickelt hatte, wurden Männer, Frauen und Kinder in Konzentrationslagern vergast.

Der *König von Dänemark* (= wirklich echter Spätgermane) heftete sich aus Protest selbst einen Judenstern an die Brust und sorgte mit dafür, daß Dänen jüdischen Glaubens ins neutrale Schweden in Sicherheit gebracht wurden.

1940 starteten große deutsche Bomberverbände nach England und kippten die neuesten Entwicklungen der deutschen Rüstungsindustrie auf englische Frauen, Kinder und Greise, und dabei erlebte Hitler seine erste Überraschung.

Die Briten kapitulierten nicht nach vier Wochen. Sie

kapitulierten nicht nach vier Monaten. Sie kapitulierten einfach überhaupt nicht, sondern ihre Jäger und Flugabwehrkanonen holten immer mehr deutsche Flugzeuge vom englischen Himmel. An eine Eroberung Großbritanniens war nicht mehr zu denken. Verärgert schickte Hitler eine Armee unter Feldmarschall Rommel nach Afrika, wo Italiener gegen England kämpften. Um endlich wieder einmal ein paar Siege melden zu können, ließ er danach nebenbei Jugoslawien und Griechenland überfallen, die wie erwartet kapitulierten. Das gab dem Führer neuen Mut.
Begeistert ließ er den zuletzt ziemlich lustlos geführten Luftkrieg gegen England wieder mit voller Kraft aufnehmen und griff zusätzlich 1941 die Sowjetunion an.
Mit deren Führer Josef Stalin hatte er zwei Jahre zuvor einen Nichtangriffspakt geschlossen. Weil Stalin a) zahlreiche seiner Offiziere hatte umbringen lassen, b) auf den Nichtangriffspakt *vertraut hatte* (= immer ein Fehler!) sowie c) auf Zeitgewinn spielte, kamen die deutschen Truppen in den ersten Wochen und Monaten schnell vorwärts.
Einsatzkommandos der Wehrmacht sowie SS-Verbände erschossen alle Politkommissare, deportierten Millionen von Russen als billige Arbeitskräfte ins Deutsche Reich und trieben die Kriegsgefangenen in Lagern zusammen. Dann allerdings begann der *russische Winter* (vgl. Napoleon). Wetterfest ausgerüstete sowjetische Truppen fingen an, die Zahl der Eindringlinge erheblich zu reduzieren.
Zum erstenmal in Hitlers Kriegen mußten deutsche Soldaten den Rückzug antreten, und dabei froren und erfroren viele jämmerlich. Die Herrenmenschen hatten zwar

jede Menge Waffen mitgenommen, aber keine ausreichende Winterkleidung. Von dicken, rußlandfesten Unterhosen ganz zu schweigen. Der größte Feldherr aller Zeiten a) tobte fürchterlich, b) übernahm höchstpersönlich den Befehl über das deutsche Heer und erklärte c) den USA nun auch noch den Krieg.

Kurztext für Überflieger: Entweder hat Adolf Hitler in seinem Leben niemals eine einzige Weltkarte gesehen oder der Mann muß nicht ganz richtig im Kopfe gewesen sein.

84.
Der Zweite Weltkrieg, Akt drei: Die ersten Niederlagen

»Wer siegen lernte in Niederlagen,
wird auch das Glück des Siegs ertragen.«
Emanuel Geibel

Bereits im Januar 1942 jubelten erheblich weniger Deutsche. Längst hatte jeder eine Lebensmittelkarte, die genau vorschrieb, wieviel Brot, Butter und Sauerkraut er kaufen durfte. Nahrung und Bekleidung waren knapp und rationiert.
Damit die Deutschen an der Ostfront nicht mehr froren, wurde bei der Bevölkerung Winterkleidung eingesammelt.
Partisanen (=Kriegsspielregelverletzer) machten der deutschen Wehrmacht überall zu schaffen.
An den vielen Fronten erlebten die Deutschen jetzt kaum noch Siege, sondern immer mehr Niederlagen.

Nach der Zerstörung größerer Teile seiner Flotte durch *Japaner* (= Preußen Asiens) war Amerika zornig geworden und bewies sehr schnell, was seine Industrie leisten kann.

Nach dem ersten Großangriff auf Köln, bei dem 1942 mehr als tausend Bomber ihre Lasten zur Abwechslung mal über deutschen Frauen, Kindern und Greisen (sowie auf jede Menge Kirchen) abgeladen hatten, wurden nach und nach immer mehr deutsche Städte bombardiert.

Im November 1942 landeten Truppen der Alliierten in Nordafrika und setzten den Nazitruppen immer mehr zu.

Gleichzeitig schlug die russische Rote Armee die Deutschen a) mit Hilfe des Winters, b) mit einer Unzahl in riesigen Fabriken hinter dem *Ural* (= Gebirge zwischen Europa und Asien) gebauten Panzern sowie c) immer weiter zurück.

Als die 6. Armee des deutschen Heeres bei Stalingrad von sowjetischen Truppen eingeschlossen war, erlebte Hitler dasselbe, was vor ihm Napoleon erlebt hatte, und seine Soldaten erlebten es verschärft.

Da man Panzer, im Gegensatz zu Napoleons Pferden, nicht essen konnte, verhungerten jetzt die Deutschen massenhaft, sofern sie nicht erfroren.

Ende Januar 1943 waren 300 000 deutsche Soldaten mehr tot.

Von der stolzen deutschen 6. Armee waren noch 90 000 Mann übrig, als sie sich schließlich ergab. Dabei hoben die Soldaten nicht mehr nur die rechte Hand, sondern beide Hände über den Kopf.

In den deutschen Luftraum drangen jetzt die riesigen Bomberflotten der Amerikaner und Engländer Tag und Nacht ein.

Sie bombardierten Stahlwerke und Treibstoffwerke. Sie legten Munitionsfabriken in Schutt und Asche und verwandelten Flugzeugfabriken in Trümmer und immer mehr deutsche Städte auch. Tag und Nacht heulten Luftschutzsirenen. Die deutschen Frauen, Kinder und Greise saßen in ihren Luftschutzbunkern und in zu solchen ernannten Kohlen- und Kartoffelkellern. Sie zitterten um ihr Leben. Deutsche Männer starben in Massen an allen Fronten.

Kurztext für Überflieger: 1943 hatten die Deutschen den Zweiten Weltkrieg militärisch und wirtschaftlich bereits verloren. Ihr Führer und seine Generäle, die vielen kleinen deutschen Unterführer und Unterführerinnen, die Gestapomänner und die SS-Männer, die Wächter und Schlächter und Gaskammertechniker in den mehr als vierhundert Konzentrationslagern weigerten sich allerdings, diesen Sachverhalt zur Kenntnis zu nehmen.

85.
Der Zweite Weltkrieg, Akt vier: Aus für die Nazi-Diktatur

> *»Was nach dem Kampfe übrigbleibt,*
> *sind ohnehin die Minderwertigen, denn die*
> *Guten sind gefallen.«*
> Adolf Hitler, 1945

Im Februar 1943 erklärte Nazipropagandaminister Goebbels vor handverlesenen deutschen Jublern, daß Deutschland a) nunmehr den *»totalen Krieg«* (= noch mehr

Tote) führen sowie b) mit Hilfe neuer Wunderwaffen gewinnen werde.

Am 6. Juni 1944 überquerten amerikanische, britische und kanadische Truppen auf Transport- und Schlachtschiffen den Ärmelkanal und gingen in Nordfrankreich an Land.

Für den Fall eines solchen Angriffs hatten die Deutschen mit Hilfe von Zwangsarbeitern zwar den *Atlantikwall* (= sehr gute Mauern aus Beton!) gebaut, aber wie es das Schicksal der Mauern nun mal will, die Alliierten setzten einfach Fallschirmjäger ab.

Danach hielt eine kleine Gruppe von deutschen Generälen den Führer nicht mehr für den größten Feldherrn aller Zeiten und wollte ihn aus dem Wege räumen. Jetzt waren sogar echte erzkonservative Adlige dafür, das Monster durch eine Bombe umzubringen, aber dieser Versuch mißlang.

Unaufhörlich wurden deutsche Städte, auch solche *ohne Industrie* (= Dresden), durch Luftangriffe in Schutt und Asche verwandelt. Was Deutsche in Jahrhunderten gebaut hatten, wurde in drei Jahren a) mit Hilfe von Sprengbomben abgeräumt sowie b) mit Hilfe von Brandbomben abgefackelt. Jetzt starben in den Bombennächten so viele Zivilisten, daß die Särge nicht mehr reichten. Man mußte die Toten im Papiersack ins Massengrab werfen, aber die Nazis gaben nicht auf.

Sie gaben nicht auf, als russische Truppen die deutsche Grenze überschritten. Sie gaben nicht auf, als amerikanische, englische und kanadische Generäle sowie General de Gaulle in Paris der Ewigen Flamme am Grab des Unbekannten Soldaten einmal mehr die Reverenz erwiesen. Die Nazis gaben nicht auf, als die Alliierten den *Westwall*

(= sehr gute Mauer) geknackt hatten. Sie gaben nicht auf, als deutsche Frauen, Kinder und Greise in riesigen Flüchtlingstrecks vor den Russen flüchteten. Sie gaben nicht auf, sondern drückten dreizehnjährigen Kindern und uralten Großvätern Gewehre und Panzerfäuste in die Hand und schickten sie in den Tod.
Erst am 30. April 1945, als Berlin bereits von sowjetrussischen Truppen eingeschlossen war, gab Hitler zu, daß er sich möglicherweise das falsche Volk erwählt hätte. Enttäuscht erschoß er sich in seinem Bunker unter den Trümmern der Reichskanzlei. Neun Tage später kapitulierte das Deutsche Reich bedingungslos. Es war nur noch eine Trümmerlandschaft, durch die verzweifelte und hungernde Menschen irrten.

Kurztext für Überflieger: Der Zweite Weltkrieg hat 50 000 000 Menschenleben gekostet. Inzwischen aber behaupten manche Deutsche schon wieder, es seien nur 49 999 999 gewesen und deshalb eigentlich alles nicht so schlimm.

TEIL IX:

UNSERE VORFAHREN UND WIR IN DER NEUESTEN NEUZEIT

86.
In der Mitte des 20. Jahrhunderts in der Mitte Europas

»Ein Mensch kann viel ertragen,
solange er sich selbst ertragen kann.«
Axel Munthe

1945 glich das ehemalige Deutsche Reich einer Mischung aus Schuttkippe und schlecht geleitetem Abenteuerspielplatz. Viele Menschen lebten a) in Kellern, b) in aus Holz und Wellblech zusammengenagelten Hütten sowie c) in *Erdhöhlen mit Einstiegsloch* (= Steinzeitarchitektur). Auf den wegen Bombentrichtern unbefahrbaren Straßen begegneten hungernde Flüchtlinge aus dem früheren Schlesien und dem früheren Ostpreußen den Heimkehrern aus der Kriegsgefangenschaft und den Konzentrationslagern.
Um der Welt mal zu zeigen, was wirklich unter einer *Wunderwaffe* (= Hitlers Traum) zu verstehen ist, hatten die USA über Japan die Mutter sowie den Vater aller Atombomben gezündet. Danach hatten die Japaner auch kapituliert, aber die Deutschen nahmen so was kaum noch zur Kenntnis.
Sie hatten a) nichts oder sehr wenig zu essen, b) nichts oder nur sehr wenig zum Heizen sowie c), und für viele am schlimmsten, nichts mehr zu glauben.
Zwar versuchten unverbesserliche Vollblutidioten bereits wieder wie nach dem Ersten Weltkrieg die Lüge zu verbreiten, der Führer sei belogen und verraten worden und der Untergang des Deutschen Reiches nicht seine Schuld, aber die meisten hatten genug Sorge, den nächsten Tag zu überleben.

Schon während des Krieges war die *Reichsmark* (= D-Mark-Vorgängerin) im Ausland überhaupt nichts wert gewesen. Nach der Kapitulation war sie auch im Inland kaum noch was wert. Sie wurde von den erfinderischen Deutschen durch eine *Zigarettenwährung* (= 1 Zigarette = 5 Mark) ersetzt, wobei wieder mal jene im Vorteil waren, die grundsätzlich nichts wegwerfen. Besonders die amerikanischen Besatzungssoldaten waren so scharf auf *Nazireliquien* (= HJ- sowie SS-Uniformen, Parteiabzeichen, echte oder gefälschte Hitler-Tagebücher usw.), daß sie gern ihre *Lungenkrebsstäbchen* (= Zigaretten) dafür hergaben.

Wie vor langer Zeit zwischen den Germanen und Römern wurde jetzt zwischen Deutschen und Besatzungssoldaten wieder getauscht.

Ein blühender Schwarzmarkt entwickelte sich, was jeder Staat haßt, weil er von Schwarzhändlern keine Steuern kassieren kann, aber der Autor dieses Buches zum Beispiel überlebte als Kind diese Zeit nur, weil seine Mutter für ihren Ehering von einem Bauern einen Zentner Kartoffeln bekam.

Obwohl die rationierten Lebensmittel sowie Kleidung usw. in den wenigen nicht zerbombten Geschäften nach wie vor dem Krieg gegen Reichsmark verkauft werden sollten, gaben dafür nur noch sehr idealistische Idealisten (= Geistesschwache) etwas her.

Wer jetzt nichts mehr besaß, was er eintauschen konnte, der hungerte und fror noch mehr, als zweitausend Jahre zuvor die *Kimbern und Teutonen* (= germanische Asylbewerber) gehungert und gefroren hatten. Der uralte germanische Traum von einem besseren Leben unter möglichst blauem Himmel aber schien für alle Zeiten ausgeträumt.

Jetzt stahlen die Deutschen schlimmer als die *Raben* (= Wotans Lieblingsvögel). Sie stahlen aus Läden und aus Lagern. Sie brachen in die Scheunen der Bauern ein oder stahlen ihnen die Kartoffeln vom Acker. Sie stahlen die Kohle von den *Halden* (= Anhäufung von Steinkohle; z. Zt. unverkäuflich) oder von *fahrenden Frachtzügen* (= Eisenbahnsurfen), was sogar *Josef Frings* (= Kölner Erzbischof; Adenauer-Amigo) den römisch-katholischen Deutschen gestattet hatte.

Kurztext für Überflieger: Nach dem verlorenen Zweiten Weltkrieg war Deutschland a) von Amerikanern, Engländern, Franzosen sowie Russen besetzt sowie b) fix und fertig. Aber schon wieselten die *Trümmerfrauen* (= z. Zt. mit Minirente belohnt) durch die Ruinen und klopften mit Hilfe ihres *Trümmerfrauenhammers* (= Nachfolger des Hammers Wotans) den Mörtel von noch halbwegs brauchbaren Ziegeln.

87.
Die Potsdamer Konferenz oder Deutschland in vier Teilen

»Man hat die Deutschen entweder an der Gurgel oder zu Füßen.«
Winston Churchill

Unter normalen Umständen wäre jetzt wieder eine Reise nach *Versailles* (= Schloß für Verträge) fällig gewesen, wo die Deutschen a) ihr zweites Reich gegründet sowie b) die Rechnung dafür erhalten hatten, aber das war diesmal unmöglich. Deutschland hatte keine Regierung mehr.

Die gegen das Hitlerreich Verbündeten hatten sich schon vor der Kapitulation des Deutschen Reichs geeinigt, dieses a) erheblich zu verkleinern sowie b) in vier Besatzungszonen aufzuteilen.
Polen wurde a) wieder einmal hergestellt sowie b) zusätzlich von der *Sowjetunion* (= GUS-Vorläufer) eigenmächtig durch die Vereinigung mit Schlesien und dem größten Teil Ostpreußens nach Westen verschoben.
Aus Polen, Ungarn und der Tschechoslowakei wurden *11 Millionen* (= Flüchtlinge, nicht Goldmark!) nach Hause ins Deutsche Reich geschickt, das es freilich nicht mehr gab.
Österreich war wieder von Deutschland *enteinigt* (= Gegenteil von Vereinigung) und gleichfalls besetzt.
Im Juli 1945 trafen sich a) der amerikanische Präsident Truman, b) der britische Premierminister Attlee sowie c) der sowjetrussische Diktator Stalin in Potsdam, um dort über das weitere Schicksal der Schuttkippe namens Deutschland zu reden.
Ausgerechnet in der Residenz Friedrichs des Großen, dessen *Geist* (= Geist von Potsdam) vor Wut in den Krückstock biß. Nicht nur das Ergebnis seines *»Siebenjährigen Krieges«* (= Eroberung Schlesiens) wurde korrigiert, sondern die ganze Landkarte Deutschlands.
Die *Kriegsgewinner* (= Sieger; *nicht* Kriegsgewinn*l*er!) einigten sich, daß die jeweiligen Oberbefehlshaber der Besatzungstruppen ihre Besatzungszone verwalten sollten.
Berlin lag in der Sowjetischen Besatzungszone, wurde aber in vier Sektoren aufgeteilt, wobei jede Besatzungsmacht über ihr Stück der Stadt bestimmen konnte.
Preußen, wo die Deutschen im Gleichschritt zu marschieren gelernt hatten, sollte *für alle Zeiten* (= bis zum

nächsten Größenwahn) von der Landkarte verschwinden. Das Saargebiet kam fürs erste unter französische Verwaltung.
Jede der (anfangs vier) Besatzungszonen wurde wieder nach altem deutschen Brauch in Länder gegliedert, wobei die Alliierten sogar zusätzliche neue deutsche Länder schufen, für die Namen erst erfunden wurden.
Einen Fürsten von Nordrhein hatten die Deutschen zum Beispiel nie gehabt. Den bekamen sie erst später mit Johannes Rau.

Kurztext für Überflieger: »Ich kann mir nicht helfen«, sagte der amerikanische Präsident Harry Truman nachdenklich zu seiner Whiskeyflasche. »Irgendwie werd' ich das Gefühl nicht los, daß uns Stalin übers Ohr hauen will.«

88. Goldmarie und Pechmarie – Die Geburt der Ossis und Wessis

»Nach Golde drängt, am Golde hängt doch alles.«
Johann Wolfgang von Goethe

Nach der Potsdamer Konferenz entwickelten sich die von den Militärregierungen der drei Westmächte bzw. von der sowjetischen Militärregierung verwalteten *Besatzungszonen* (= Sonderform von Kolonie) sehr schnell in verschiedene Richtungen. Nach dem *Nürnberger Militärtribunal* (= Prozeß der Siegermächte gegen Hitlers leitende Angestellte) und einer *Entnazifizierung* (= Reinigung deutscher Gehirne mit Hilfe von Fragebögen) war der Vorrat der Siegermächte an Gemeinsamkeit verbraucht. In den *Westzonen* (= Vorgänger der Bundesrepublik) konnten Deutsche, die zum Teil schon im Reichstag der *Weimarer Republik* (= Demokratie mit Konstruktionsfehlern) gesessen hatten, *neue Parteien* (= CDU, FDP usw.) gründen bzw. von den Nazis *verbotene Parteien* (= SPD, KPD) erneut gründen.

Zum erstenmal seit Beginn der Nazizeit wurden wieder Landtage gewählt, die wiederum einen Wirtschaftsrat wählten, in dem kräftig über die *Zukunft Deutschlands* (= Verstaatlichung der Industrie oder Kapitalismus wie gehabt?) gestritten wurde.

In der *Ostzone* (= Vorgängerin der DDR) wurden zwar auch Parteien gegründet und Landtage gewählt, aber wenig gestritten. SPD und KPD wurden unter Leitung des bewährten deutschen Stalinisten *Walter Ulbricht* (= sächsischer Dialektsadist!) zur *SED* (= Sozialistische Einheits- bzw. Elendspartei Deutschlands) verschmolzen. Der Aufbau einer *Volksdemokratie* (= von Moskau aus ferngesteuerter Satellitenstaat) begann. Auf einen Wirtschaftsrat verzichteten die Russen. Die Ostzone war von Anfang an wirtschaftlich ratlos.

Jetzt dämmerte den Westmächten, vor allem den Amerikanern, daß sich die Sowjetunion auch noch den Rest Europas unter den Nagel reißen wollte, und sie hielten kräftig dagegen.

Ein riesiges amerikanisches Wirtschaftshilfeprogramm für Europa begann, das die *wirtschaftliche Not* (= bester Nährboden für links- und rechtsradikale Bakterien) beseitigen sollte. Der ursprüngliche Plan, Westdeutschland ebenfalls *von seiner Industrie zu befreien* (= in einen Biogarten verwandeln), wurde aufgegeben.

Die Westdeutschen erhielten eineinhalb Milliarden Dollar als Startkabel für ihre weitgehend zerstörte Industrie. Dann ließ der provisorische Wirtschaftsrat drucken, was jeder am meisten braucht: Geld, richtige neue knisternde Scheine und silbern bzw. kupfern glänzende Münzen.
Durch eine *Währungsreform* (= Geldvermögenskiller) wurde die alte Reichsmark aus der Welt geschafft.
Jeder Westdeutsche bekam vom neuen Geld zunächst *40 DM »Kopfgeld«* (= z. Zt. Preis eines Männerhaarschnitts) in *völlig jungfräulichen Scheinen* (= immer verdächtig, meist Trick des Staates zur Sparerenteignung!).
Die restlichen Reichsmarkguthaben wurden später im Verhältnis 10:1 auf die neue Währung umgestellt. Wie durch ein Wunder füllten sich danach im Westen schlagartig alle Schaufenster mit Waren, die Hersteller und Händler zuvor für wertlose Reichsmark nicht hatten hergeben wollen. Das *Wirtschaftswunder* (= Wundertüte mit Überraschungsei) begann.
Verärgert führte die sowjetische Besatzungsmacht notgedrungen in der Ostzone auch eine Währungsreform durch.
Sie konnte dort aber wenig bewirken, weil die Parteifunktionäre bei Wirtschaft immer sofort a) an die nächste *Gastwirtschaft* (= Bier- und Wodka-Ausschank) bzw. b) an *Bewirtschaftung* (= Lebensmittelkarten und Bezugsscheine) dachten. Eine unheilbare Zwangsneurose von Sozialisten.
Als die Westmächte die wunderbare neue DM (West) auch noch in den Westsektoren Berlins einführten, gingen die Sowjets vor Wut an die Decke und versuchten, die Westberliner einfach auszuhungern.
In der Hoffnung, hungernde und frierende Westberli-

ner würden bald darum flehen, in die Ostzone aufgenommen zu werden, blockierten die Russen a) Straßen, b) Eisenbahnlinien sowie c) den Kanal, in den 1919 Mörder die Leichen von Rosa Luxemburg und Karl Liebknecht geworfen hatten. Sie wollten Westberlin einfach völlig vom Westen trennen. Wie die meisten kommunistischen Pläne ging auch dieser nicht auf.
Mit Hilfe einer *Luftbrücke* (= Regenbogen aus Transportflugzeugen) versorgten Briten und Amerikaner die Westberliner mit Lebensmitteln und Kohle so zuverlässig, wie sie die Deutschen zuvor mit Brand- und Sprengbomben versorgt hatten.
Auf dem Rückflug von Berlin-Tempelhof nach Frankfurt warfen die amerikanischen Piloten sogar noch *Süßigkeiten* (= Kariesspender) für die Westberliner Kinder ab, weil sie selbst an die Zukunft der Westberliner Zahnärzte dachten. Nach elf Monaten gaben die Russen ihre Blokkade frustriert auf.

Kurztext für Überflieger: Mit der Einführung zweier verschiedener Währungen wurden Deutsche zu Ossis und Wessis. Während die Wessis von ihren reichen Kolonialherren notfalls sogar durch die Luft mit Lebensmitteln, Kohle und Bonbons versorgt wurden, bekamen die Ossis von ihren armen Besetzern nichts. Mit Recht begannen sie jenen Gesichtsausdruck zu kultivieren, den die Wessis noch immer so an ihnen lieben: den eines gekränkt schmollenden trotzigen Kindes, das keine Bonbons bekommen hat.

89.
Die Bundesrepublik Deutschland unter Kanzler Adenauer

»Regieren besteht im Festsetzen von Prioritäten.«
Harold Wilson

1948 war die Stimmung zwischen den westlichen Besatzungsmächten und der Sowjetunion so frostig geworden, daß die Westmächte auch im Sommer nur mit Frostschutzmittel im Kühler fuhren und an eine Vereinigung der Besatzungszonen Deutschlands nicht mehr glaubten. Besonders die immer mehr als westliche *Führungsmacht* (= für Kommunisten: Verführungsmacht) tätigen Amerikaner ermutigten die Wessis, einen neuen deutschen Teilstaat zu errichten.
Dafür erarbeitete ein »Parlamentarischer Rat« ein Grundgesetz für die *Bundesrepublik Deutschland* (= geistige Heimat aller Wessis), das die freiheitlichen Prinzipien des westlichen Liberalismus sinngemäß übernahm.
Nach dieser Verfassung ist die Bundesrepublik eine »parlamentarische Demokratie« wie die Weimarer Republik; deren Konstruktionsfehler wurden allerdings vermieden.
Eine *5-Prozent-Klausel* (= Schutzfilter des Parlaments) verhindert, daß kleine, extreme Politvereine Abgeordnete in den neu zu wählenden Bundestag entsenden und dort jenes Chaos produzieren können, an dem die Weimarer Republik – unter anderem – zugrunde gegangen ist.
Durch ein *»konstruktives Mißtrauensvotum«* (= späte Rache an Opa Hindenburg) erlaubt das Grundgesetz den Sturz des Bundeskanzlers nur noch dergestalt, daß die Bundes-

tagsabgeordneten jederzeit mit Mehrheit einen Nachfolger wählen können. 1949 wählte der erste Deutsche Bundestag Konrad Adenauer mit *einer Stimme Mehrheit* (= seine eigene) zum Bundeskanzler, was ihm dazu verhalf, seine Vorstellungen gegen die *Opposition* (= Regierungscontroller) der Sozialdemokraten und alle anderen Widerstände zu verwirklichen.

Er verhinderte die Verstaatlichung der Industrie und restaurierte lieber den alten Kapitalismus, in dem die Gewerkschaften mit Hilfe der SPD und Abgeordneten aus der römisch-katholischen Sozialbewegung allerdings die Mitbestimmung der Arbeitnehmer in Großbetrieben durchsetzen konnten.

Dies gestattete es Gewerkschaftern später, sich, auch durch Insiderspekulation, erfolgreich am Wirtschaftsleben zu beteiligen.

Um die (nach zwei Angriffskriegen berechtigte) Furcht Frankreichs vor der deutschen Schwerindustrie zu beseitigen, schuf Adenauer gemeinsam mit dem französischen Außenminister *Schuman* (= ein n!) die *Montanunion* (= Stahlverträge sowie Kohleverträge, Keimzelle der EU) und bewirkte den Beitritt der Bundesrepublik zum Europarat.

Die Adenauer-Regierung erfand den *sozialen Wohnungsbau* (= DDR-Architektur, aber für Wessis), und sie verbesserte das von Bismarck begonnene *soziale Netz* (= Hängematte für Rentner, Arbeitslose, Arbeitsunfähige sowie -unwillige). Und so weiter, und so weiter.

Sogar zehntausend Kriegsgefangene holte der erste Wessi-Kanzler aus der Sowjetunion zurück, wo ihm bei seinem Moskaubesuch schon 1955 eine Ehrengarde die Gewehre zeigte, allerdings ohne auf ihn zu schießen.

Das Schießen übten dafür die Westdeutschen schon wenig später wieder, als sich die ersten Freiwilligen zur Bundeswehr gemeldet hatten.
Zuvor waren Demonstranten auf die Straße gegangen, als die Westmächte nach dem *Koreakrieg* (= USA/UN gegen Korea/China 0:0, sehr viele Tote) einen westdeutschen Verteidigungsbeitrag gefordert hatten.
In Bundestag und *Bundesrat* (= Versammlung demokratisch gewählter Landesfürsten) wurde über diese Wiederbewaffnung der Wessis und die Wiedereinführung der allgemeinen Wehrpflicht gestritten wie nie zuvor.
Die meisten Deutschen hatten vom Militär die Nase *für alle Zeiten* (= bis zum nächsten Mal) gründlich voll.
Aber Adenauer setzte sowohl die Bundeswehr bei seinen Wessis durch als auch den Beitritt der Bundesrepublik in die *NATO*. Diese Wiederbewaffnung und die Entscheidung für das nordatlantische Verteidigungsbündnis wurden von den Westmächten belohnt.
Am Tage ihres Beitritts zur NATO wurde die noch immer von Truppen der Westmächte besetzte Bundesrepublik Deutschland wieder ein (bis auf gesamtdeutsche und Berliner Angelegenheiten) souveräner Staat, dessen bescheidene Regierungshauptstadt *Bonn* (= Vorort von Bad Godesberg) ausgezeichnet zu einer Republik paßte, an deren Wesen nicht mehr die Welt erkranken sollte.
Die Hakenkreuzfahnen waren wieder durch Schwarz-Rot-Gold ersetzt, und vom Deutschlandlied sangen die Wessis nur noch die dritte Strophe. Die erste hatten sie bei Ende der Nazizeit einfach vergessen.

Kurztext für Überflieger: Während der zwölfjährigen Amtszeit Konrad Adenauers wurde die Bundesrepublik mit

Amerika und Westeuropa fest verflochten und wiederbewaffnet.
Dabei hatte der Bundeskanzler zwei wichtige Verbündete: sein unerschütterliches Vertrauen in seinen (sehr) katholischen Gott und ein Wirtschaftssystem, das in der Praxis besser funktionierte als die Planwirtschaft der Ossis.

90. Ohne Fleiß kein Preuß' – Das Wirtschaftswunder der Wessis

»Dem Kapitalismus wohnt ein Laster inne: Die ungleichmäßige Verteilung der Güter.«
Winston Churchill

Schon während der Entfernung der Gebäudetrümmer hatten die Deutschen erstaunt bemerkt, daß die Bomben zwar den Abbruch von Fabrikhallen ziemlich zuverlässig bewirkt hatten, die meist aus *Metall* (= hart wie Kruppstahl) gefertigten Maschinen jedoch vielfach noch brauchbar waren.
Da Waffen *für alle Zeit* (= bis auf weiteres) in Deutschland nicht mehr hergestellt werden durften, richteten die hervorragend ausgebildeten deutschen *Ingenieure und Facharbeiter* (= soweit sie Krieg und Gefangenschaft überlebt hatten) die Drehbänke und Metallpressen, Dampfhämmer und Hobelbänke für die Herstellung nützlicherer Produkte ein.
Knapp waren allein die Rohstoffe, die vielfach nur auf dem Weltmarkt zu Weltmarktpreisen erhältlich waren. Nach der amerikanischen Wirtschaftshilfe und der

Währungsreform konnten westdeutsche Betriebe Metalle und Gummi, Leder sowie Fette und Öl problemlos einkaufen und zu jenen Waren verarbeiten, die ihnen die Wessis am liebsten aus den Händen gerissen hätten, aber leider bezahlen mußten.
Um möglichst viel Geld zu verdienen, strengten sie sich an und arbeiteten nachts und an Sonntagen. Sie leisteten so viele Überstunden wie möglich und waren bei der Arbeit eifrig wie Heinz G. Konsalik beim Schreiben.
Alles, was ihnen in den Kriegs- und Nachkriegsjahren vorenthalten wurde, wollten sie so schnell wie möglich nachholen. Systematisch und ordentlich, wie Deutsche nun einmal sind, wurde selbstverständlich nicht wild und chaotisch nachgeholt, sondern in geordneten Anschaffungswellen.
Zuerst war die *Freßwelle* (= Gegenteil von Schlankheitswelle) angesagt, und die Wessis aßen wie die Scheunendrescher nach einem sehr anstrengenden Tag.
Darauf folgte die *Bekleidungswelle* (= Gegenteil von Striptease), und die Wessis kauften Schuhe und Textilien, bis ihre Kleiderschränke platzten und die *Einrichtungswelle* (= Orgie mit Platten aus zusammengeklebten Sägespänen) notwendig wurde, was zwangsläufig die *Reisewelle* auslöste, weil viele Wessis nach der Einrichtungswelle ihre Wohnungen nicht mehr ertrugen.
Auch das Volkswagenwerk wurde auf die von Hitler versprochene PKW-Produktion umgestellt. Die ersten *Käfer* (= kleine häßliche Kraftfahrzeuge mit lautem Motor) liefen vom Band, waren allerdings anfangs für die meisten Wessis viel zu teuer.
Die *Motorisierungswelle* erreichte sie erst mit Verspätung.

Viele Arbeiter konnten sich nur mit Mühe das Fahrrad leisten, mit dem selbst Wessis noch um 1960 zur Fabrik fuhren, die wie zur Zeit der industriellen Revolution nach wie vor Großbürgern gehörten, denen Gewerkschaften jeden Pfennig Lohnerhöhung und jede Minute Arbeitszeitverkürzung in Tarifverhandlungen abtrotzen mußten.
Das altbewährte Kampfinstrument *Streik* (= Gegenteil von Arbeit) verlor zeitweilig viel an Wirkung, weil a) ständig gutausgebildete Ossis aus der russisch besetzten Zone in den *goldenen Westen* (= Fiktion) strömten sowie b) die ersten Fernsehprogramme wesentlich spannender waren als die Gewerkschafts- oder Parteiversammlungen.
Die Fernsehwelle schwappte sehr schnell auch in die Wohnungen der ärmeren Wessis, die a) ihr Heimkino meist in Raten bezahlten, b) nach der Arbeit mit einer Flasche Bier davor saßen sowie c) sich für *Fußballspiele* (= Sonderform des Fernsehballetts) bald viel mehr interessierten als für die Teilung Deutschlands.
Die Jugend interessierte sich für die Teilung Deutschlands genausowenig. Sie genoß bald in amerikanischen Jeans amerikanische Kino- und Fernsehfilme, amerikanische Popmusik, und weil Deutsche nun einmal alles möglichst gründlich machen, bemühten sich auch die Wessis, ihre Vorbilder möglichst zu übertreffen. Viele Wessis wurden amerikanischer, als es die Amerikaner sind.

Kurztext für Überflieger: Nachdem die Wessis gemerkt hatten, daß sie in der Nazizeit pausenlos belogen worden waren, wandten sie sich danach konsequent der Arbeit und dem Konsum zu. Die meisten arbeiteten so viel, daß sie sich selbst an der *Sexwelle* (= Oswald Kolle statt Politik) nur zögernd beteiligen konnten, weil sie nach Feierabend zu müde dafür waren.

91.
Die unendlich langweilige Geschichte der langweiligen DDR

»Gestürzte trifft ein Fußtritt obendrein noch, das ist Menschenart.«
Aischylos

Parallel zur Gründung der *Bundesrepublik Deutschland* unter Beaufsichtigung durch die westlichen Siegermächte besorgte eine Gruppe von der östlichen Siegermacht handverlesener *Agitatoren* (= Missionare für Kommunismus) den Aufbau der *Deutschen Demokratischen Republik* (= Sowjetkolonie).
Walter Ulbricht, Erster Sekretär der SED bis 1971, sollte den ostdeutschen Teilstaat in eine stalinistische Diktatur umbauen. Diese Aufgabe war keine leichte.
Die real-sozialistische und arme Sowjetunion konnte die Ossis nur mit Büchern von Lenin, Stalin sowie Marx und Engels versorgen, und die lieferte sie mehr als reichlich. Die *Verstaatlichung der Industrie* (= Umtausch von Aktionären in Funktionäre) und später die *Bodenreform* (= Verwandlung freier Bauern in Hörige) in der DDR verstärkten deren wirtschaftliche Schwierigkeiten zusätzlich.
Massenveranstaltungen, Weltjugendfestspiele und *politische Schulungen* (= Politpornowelle der Ossis) konnten genausowenig von den *Versorgungsschwierigkeiten* (= Man-

gel an Bananen, Kleidung, Schokolade und Zigaretten) ablenken wie die Verkleidung Jugendlicher in Uniformen der Jungen Pioniere oder FDJ.
Das alles hatten die Ossis aus der Nazizeit noch gut in Erinnerung.
Bereits unmittelbar nach Kriegsende gingen viele Ossis über die Zonengrenze in den Westen. Die Sowjets begannen schon vor der Gründung der sogenannten »DDR« ihre Zone mit Hilfe von *Palisaden und Gräben* (= Römererfindungen) abzuschotten.
Viele Ossis überwanden die Zonengrenze trotzdem. Nach der Gründung der DDR tauften deren vom Volke nicht gewählte Machthaber die Zonengrenze in eine Staatsgrenze um und ließen sie immer besser bewachen und *ausbauen* (= mit Wessi-Stacheldraht und Ossi-Selbstschußanlagen).
Wer in der DDR geblieben war, trat am besten in die SED ein, wenn er Karriere machen wollte. In die winzigen Löcher im Jackenaufschlag, die das Parteiabzeichen der NSDAP hinterlassen hatte, paßte bei manchem ohne Schwierigkeit die Mitgliedsnadel der SED.
1953 starb der russische Diktator *Josef Stalin* (= als Georgier wie der Österreicher Hitler Angehöriger eines Gebirgsvolkes), und da wagten Ossis, was Deutsche noch nie zuvor in solchen Massen gewagt hatten: Sie gingen am 17. Juni 1953 gegen ihre Obrigkeit auf die Straße und forderten bessere Arbeitsbedingungen sowie eine bessere Versorgung mit Bonbons, Bananen und Autos.
Die deutsche DDR-Regierung rief die Besatzungsmacht zur Hilfe, die ihre bewährten russischen Panzer aus den Kasernen rollen ließ und den Aufstand schnell beendete. Danach verließen noch mehr Ossis die DDR, und zwar

auf dem einzigen Weg, der noch offen war: über Ostberlin nach Westberlin.
Verzweifelt bat die DDR-Regierung schließlich 1961 die Sowjetunion um die Erlaubnis, eine Mauer zwischen Ost- und Westberlin errichten zu dürfen. Diese Maßnahme wurde genehmigt.
Selbstverständlich protestierten die Westmächte, als schwer bewachte Ossi-Maurer mit preußischer Gründlichkeit Stein auf Stein fügten und dann ihr Bauwerk auch noch sorgfältig verputzten.
Ändern an der *Berliner Mauer* (= Limeswiederauferstehung) konnten diese Proteste genausowenig wie ein Besuch des amerikanischen Präsidenten Kennedy, der die Berliner mit einer objektiv doppelt unwahren Behauptung zu beruhigen versuchte. »Ich bin ein *Berliner*« (= Schmalzgebäck), rief er ihnen zu. Aber einen Krieg wegen der Mauer wollten die USA genausowenig wie die Sowjetunion.
Spätestens nach dem Bau der Berliner Mauer fanden sich die Ossis notgedrungen mit ihrem Staat ab.
Es ging ihnen eindeutig von Jahr zu Jahr besser. Arbeitslos konnte ein Ossi nicht werden. Das Leben der Ossis wurde von der Einschulung bis zur Rente vom Staat geregelt, was den Menschen ein Gefühl von Sicherheit verschaffte. Diese Sicherheit war (wie meistens) mit Unfreiheit verbunden.
Ossis durften nur in sehr seltenen Ausnahmefällen ins Ausland reisen, aber das Westfernsehen war weder, abgesehen vom Dresdner Tal der Ahnungslosen, durch Verbote noch durch die Mauer am Eintritt in die DDR zu hindern.
Auf den Bildschirmen ihrer – wie die ganze DDR schlecht

durchgestylten – Fernsehgeräte sahen die Ossis jeden Abend, welch interessantes und aufregendes Leben die *Wessis* (= im Fernsehen meist wohlhabend) führten.
Sie sahen, was sich Wessis, vom VW-Käfer oder BMW bis zu Bananen und Marlboro, alles kaufen konnten. Daß die Wessis dafür arbeiten mußten und die meisten bis über beide Ohren verschuldet waren, wußten die Ossis nicht.
Im Gegensatz zu den Wessis, für die *amerikanischer Lifestyle* (= Demokratie mit Cabrio und Coca-Cola) das Vorbild wurde, gelang es der DDR-Regierung nicht, *sowjetischen Lebensstil* (= Diktatur mit viel Wodka und wenig Autos) als vorbildlich erscheinen zu lassen.

Kurztext für Überflieger: Während der einundzwanzigjährigen Amtszeit Walter Ulbrichts wurde die DDR mit der Sowjetunion und Osteuropa fest verflochten und wiederbewaffnet. Dabei hatte auch der SED-Chef zwei wichtige Verbündete: sein unerschütterliches Vertrauen in den bürokratischen Real-Sozialismus und den Staatssicherheitsdienst.

92.
Vor dem kalten Ostwind geschützt – Wessis hinter der Mauer

»Wohlbehagen ermattet den Geist,
Schwierigkeiten erziehen und kräftigen ihn.«
Francesco Petrarca, Bergsteiger

Wie für Ehepartner, die sich oft besser vertragen, wenn sie ihr Ehebett zersägt und sich getrennte Schlafzimmer

eingerichtet haben, schuf für Ossis und Wessis die Berliner Mauer die Voraussetzung dafür, daß sie entspannter miteinander umgehen konnten.
Zwar erkannte die Bundesrepublik die DDR nicht an, und ihre *Politiker* (= gutbezahlte Berufsdemokraten) verurteilten *unaufhörlich* (= immer am 17. Juni) die schmerzliche Teilung des deutschen Vaterlandes, aber die meisten Wessis störten die Grenze zur DDR und die Berliner Mauer kaum.
Wer keine Verwandten in der DDR hatte, denen er von Zeit zu Zeit ein Paket mit Seife, Kaffee und Schokolade schicken mußte, für den war die DDR ein Ostblockland, in dem sogar die Kinder russisch sprachen.
Der für die *Industrie* (= damals volle Auftragsbücher) angenehme ständige Zustrom von gutausgebildeten Ossis hörte nach dem Mauerbau zwar schlagartig auf, aber auch damit wurden die Wessis leicht fertig.
Sie holten einfach jene *Türken* (= Ausländer: wie Deutsche auf Mallorca!) ins Land, die jetzt um ihr Leben fürchten müssen, und es ging weiter aufwärts.
Wie nahezu alles funktionierte auch die Demokratie bei den Wessis wie geschmiert. Solange es von Jahr zu Jahr mehr zu verteilen gibt, ist Demokratie selten ein Problem.
Sie SPD hatte sich mit dem Godesberger Programm die letzten Reste von Marxismus aus dem Gesicht gewischt, und auch unter *Bundeskanzlern mit SPD-Parteibuch* (= Willy Brandt und Helmut Schmidt) ging es den Wessis immer besser.
Zwar blieben der Bundesrepublik wirtschaftliche Turbulenzen wie die *Steinkohlenkrise* (= Ersatz der Kohle durch Öl), die *Erdölkrise* (= Ersatz von Erdöl durch Olivenöl)

sowie *Arbeitslosigkeit* (= Ersatz von Lohn durch Geld vom Arbeitsamt) ebensowenig erspart wie *Demonstrationen* (= Verkehrsbehinderung) junger Menschen, aber auch damit wurde der Staat entweder a) mit Hilfe des sozialen Netzes oder b) mit Hilfe von Wasserwerfern und/oder Gummiknüppeln souverän fertig.

Als die neue Ostpolitik der SPD und FDP die *Beziehungen* (= Geschäftsbeziehungen) mit der Sowjetunion normalisierte, waren die Wessis erleichtert. Gute Geschäfte machten sie immer gern.

Sie waren erleichtert, als Willy Brandt in die DDR reiste oder *Erich Honecker* (= Ulbricht-Nachfolger) in die Bundesrepublik.

Sie waren erleichtert, wenn ihr Staat immer wieder Geld über die Mauer schob, damit es den *»Brüdern und Schwestern in der DDR«* (= Ossis vor der z. Zt. letzten Vereinigung) besserging. Wenn an der Grenze oder Mauer Menschen erschossen wurden, protestierte zwar die Regierung der Bundesrepublik, aber die überwiegende Mehrheit der Wessis verhielt sich wie meist, wenn etwas in den engen Winkel zwischen ihrem Girokonto und dem nächsten Schaufenster geriet: Sie blickten weg.

Nie zuvor in der unendlich langen Geschichte der Deutschen hatten so viele von ihnen auch nur annähernd so gut leben können wie in der Bundesrepublik Deutschland.

Gewiß, schon in den siebziger Jahren verlor die westdeutsche Industrie ihren technischen Vorsprung beim Bau von Kameras und Büromaschinen an Japan, dessen Autoindustrie überdies durch konsequenten Einsatz von Industrierobotern immer mehr Autos immer billiger produzieren konnte; aber das wirtschaftliche Wachstum ermöglichte den Wessis dennoch einen ständig steigenden Lebensstandard.

Schon für die meisten Achtzehnjährigen war der eigene Gebrauchtwagen so selbstverständlich wie die Urlaubsreise ins Ausland.

Gleichzeitig sicherte ein immer besser ausgebautes soziales Netz den Wessi gegen immer mehr Risiken des Lebens ab.

Gewiß, viele Witwen bekamen trotz des gepriesenen sozialen Netzes so wenig Rente, daß manche Großfahndungen in Mülltonnen veranstalteten und selbst ein Paar alte Schuhe erst wegwarfen, nachdem sie versucht hatten, eine Suppe daraus zu kochen – aber selbst wer wenig zum Beißen hatte, bekam seine dritten Zähne noch mit achtzig auf Kosten der Krankenkasse. Von Kindergeld über Wohngeld bis zur Ausbildungsbeihilfe, von der Lohnfortzahlung bei Krankheit bis zu ständig verbesserten Renten und der Sozialhilfe – die immer reicher werdende Bundesrepublik vermochte die Wessis immer besser abzusichern und zu schützen, was nun mal die Aufgabe eines Staates ist.

Zu unangenehmeren Arbeiten wie Müllabfuhr, Straßenbau, den Abbau von Kohle oder der Pflege von Alten und Kranken hatten immer mehr Wessis immer weniger Lust. Auch dieses Problem lösten sie, wie sie die meisten Probleme lösten, nämlich mit Geld.

Arbeiter aus Jugoslawien und der Türkei arbeiteten immer mehr neben Deutschen an den Fließbändern und in den Bergwerken.

Krankenschwestern aus Korea oder von den Philippinen pflegten in immer mehr Krankenhäusern die Patienten.

Geschirr spülte in den Restaurants meist nur noch, wer einen Paß aus Sri Lanka in der Tasche hatte. Für immer mehr Ausländer in der zweiten und dritten Welt wurde die Bundesrepublik jenes Land, in dem sie arbeiten und leben wollten. Solange sie gebraucht wurden, waren sie willkommen.

Kurztext für Überflieger: Im Windschatten des Eisernen Vorhangs und der auf westlicher Seite bunt bemalten Berliner Mauer lebte selbst ein Sozialhilfeempfänger in der Bundesrepublik besser als ein Facharbeiter in der DDR. Die Wessis hatten den alten Traum vom Schlaraffenland weitgehend verwirklicht. Es war unmöglich, in diesem Staat zu verhungern. Sogar Gefängnisinsassen, die überhaupt nichts essen wollten, wurden zwangsernährt.

93.
Hilfe, der Ostblock zerbricht – Germany wird wachgeküßt

»Geschichte ist die Lüge,
auf die man sich geeinigt hat.«
Napoleon I.

Ende der achtziger Jahre erkannte der neue Generalsekretär der KPdSU, Michail Gorbatschow, daß die Sowjetunion zwar nach wie vor Sputniks in den Weltraum schicken konnte und sogar richtige Raumstationen, aber wirtschaftlich am Ende war.
Die sowjetischen Maschinen und Waffen konnten nicht mehr mit denen des kapitalistischen Westens konkurrie-

ren, weil die Sowjetunion eine technische Revolution verpaßt hatte.

Die Russen hatten Mikrochips für besonders kleine Kartoffelchips gehalten und sich kaum darum gekümmert. Die sowjetischen *Atomkraftwerke*, z. B. Tschernobyl, waren nicht ganz dicht, und jeder *Gameboy* (= elektronische Nervensäge) hatte fast soviel Speicherkapazität wie die Computer in der Sowjetischen Akademie der Wissenschaften.

Zusätzlich erschwerten die Ergebnisse einer »Konferenz für Sicherheit und Zusammenarbeit in Europa« es der Sowjetunion immer mehr, ihr Imperium vom Rest der Welt abzuschotten. Ihre Rüstungsindustrie wurde bei der letzten Runde des Raketenwettrüstens nach den USA nur zweiter Sieger.

Unter diesen Umständen war nicht daran zu denken, jene Staaten unter Kontrolle zu halten, die Stalin mit der Sowjetunion mehr oder weniger vereinigt hatte.

Im Beton, mit dem der Ostblock *für alle Zeiten* (= bis zum nächsten Krieg) zusammengefügt schien, entstanden völlig unerwartet Risse, die immer breiter wurden.

In Polen entstand unter Lech Walesa die Gewerkschaft »Solidarität«, die a) weniger Arbeit, b) mehr Freiheit, c) mehr katholische Priester sowie d) mehr Wodka forderte.

Ungarn, deren Sprache kein Russe verstand, führten erst klammheimlich und dann immer offener eine Art westliches Wirtschaftssystem ein und bauten ihren Limes zwischen Ungarn und Österreich ab.

Tschechen und Slowaken duldeten immer mehr Löcher in ihren Grenzzäunen. Die Rumänen brachten ihren Staatschef *Ceausescu* (= Dracula-Nachfolger) einfach um,

vergaßen aber in der Eile, ihm den angespitzten Holzpfeil ins Herz zu implantieren.
Der ganze Ostblock geriet ins Rutschen, und die ganze Welt sah überrascht, daß die Russen bei solchen Gelegenheiten nicht mehr die Panzer aus den Kasernen rollen ließen wie zuvor in Berlin und Leipzig, in Budapest und zuletzt in Prag. Auch die Ossis gingen auf die Straße, zündeten Kerzen an und verlangten bei Demonstrationen, die immer am blauen Montag stattfanden, ein besseres Leben sowie freie Ausreise in die Bundesrepublik, von der sie nur wußten, was sie im Fernsehen sahen.
Die DDR-Regierung verstand die Welt nicht mehr, und die Wessis rieben sich schlaftrunken die Augen. Sollte etwa ihr vierzigjähriger Dornröschenschlaf zu Ende sein? – Er war zu Ende, und zwar unwiderruflich.
Statt sowjetischen Panzern kam zum 40jährigen Jubiläum der DDR Michail Gorbatschow persönlich nach Ostberlin und sprach mit *Erich Honecker* lange über die ständigen Zugverspätungen der DDR-Reichsbahn, die das Leben irgendwann bestrafen würde. Honecker verstand nur noch Bahnhof, dafür verstanden die Ossis Gorbatschow um so besser.
Verzweifelt versprachen jetzt die regierenden SED-Genossen ihren Ossis das Blaue vom Himmel, aber die waren nicht mehr zu halten und sahen, was ihnen die Russen und die SED trotz unzähliger roter Fahnen zuvor nie beizubringen geschafft hatten: Sie sahen nur noch rot, wenn sie an die DDR dachten.
Jede Menge Ossis flüchteten in die Deutsche Botschaft in Prag, und der Wessi-Außenminister Genscher wischte sich verstohlen die Tränen aus dem Gesicht, als sie das *Deutschlandlied* (z. Zt. nur dritte Strophe) sangen.

Andere Ossis flüchteten nach Ungarn und Österreich, wo man nicht weinte, aber die Ossis so schnell wie möglich in die Bundesrepublik schaffte.
Als die Grenzübergänge an der Berliner Mauer zur Überraschung und Verblüffung der ganzen Welt plötzlich geöffnet wurden, rannten die Ossis nach Westberlin, kassierten ihr *Begrüßungsgeld* (= Almosen; milde Gabe), rannten in die Läden und kauften, was immer sie bezahlen konnten.
Wenig später wurde auch die Zonengrenze geöffnet, und die Ossis besuchten die Wessis in Popelinejacken sowie Autos, deren Beschaffenheit vielen Wessis so viele Rührungstränen in die Augen trieb, daß sie voll Mitleid Schokoladentafeln an die Antennen der *Trabis* (= Autos aus Pappe) und Wartburgs banden, sofern diese Ur-Oldtimer überhaupt welche hatten.
Die Vereinigung der beiden deutschen Staaten war nicht mehr aufzuhalten. Der Bundesfinanzminister fing an zu rechnen.
Es dauerte nicht lange, da reiste Bundeskanzler Helmut Kohl zu den Ossis und versprach ihnen blühende Landschaften und die Einführung der Deutschen Mark. Die Banker fingen an zu rechnen.
Kaum war die DDR mit der Bundesrepublik vereinigt, da reisten die Industriellen und Handelsvertreter, die Versicherungsvertreter und Makler zu den Ossis und fingen an zu rechnen. Viele Vertreter und Makler blieben, machten das Geschäft ihres Lebens, aber die meisten Industriellen reisten schnell wieder ab, nachdem sie die Lage geprüft hatten. Was die DDR-Industrie zu produzieren vermochte, war zwar im Ostblock Spitzenqualität gewesen, aber auf dem freien Weltmarkt meist unverkäuflich.

Als die Berliner Mauer längst in *kleine bunte Betonstückchen* (= letztes erfolgreiches Exportprodukt der DDR) zerlegt war, für die Mauerfans hohe Preise zahlten, reisten die ersten Mitarbeiter der *Treuhand* (= *treue Hand*langer) der Wessis in die neuen Bundesländer, fingen an zu rechnen und machten die meisten Industriebetriebe der Ossis einfach dicht.

Seitdem können sich immer mehr Ossis nur noch die Höhe ihrer Arbeitslosenunterstützung, Rente oder Sozialhilfe ausrechnen, während die jetzt gesamtdeutschen Minister beim Rechnen immer nervöser werden. Und die meisten Wessis rechnen damit, daß ihr in vierzig Jahren im Schutz der Berliner Mauer aufgebauter Wohlfahrtsstaat in Zukunft wesentlich ärmer sein wird. Vielleicht kann dieses Buch alle beruhigen.

Während der unendlichen Geschichte der Deutschen ist in Europa so viel getrennt und vereinigt worden, daß es auf eine Vereinigung mehr oder weniger nun wirklich nicht ankommt.

Abgesehen davon: Während die Wessis noch bei der *Vereinigung mit ihren deutschen Brüdern und Schwestern* (= Inzest) schwitzen, wird längst die nächste Vereinigung vorbereitet, die wesentlich mehr Kraft erfordern wird.

Oder sollte es nur ein Zufall sein, daß die Europäische Union auf einer Landkarte schon fast genauso aussieht wie vor zweitausend Jahren das Römische Reich?

Jene von Deutschland besoffenen Dummköpfe allerdings, die annehmen, sie könnten nach dem Zusammenbruch der DDR gesamtdeutsch in der Hauptstadt Berlin dort weitermachen, wo Hitler 1945 aufhören mußte, irren sich. Dies ist in einer weltweit vernetzten Informationsgesellschaft nun wirklich nicht möglich. Aber schon wieder werden in Deutschland vorsätzlich Menschen verbrannt, und wieder greifen Radikale jene deutsche Demokratie an, die den Wessis von den westlichen Siegermächten so übergestülpt wurde wie den Ossis ihre Volksrepublik von der Sowjetunion.

Derzeit spüren Wessis und Ossis immer deutlicher, daß a) die Kosten der Renovierung der ehemaligen DDR sowie zugleich die Kosten des europäischen Einigungsprozesses bezahlt werden müssen, b) eine Krise der Wirtschaft infolge der elektronischen Revolution und des Zusammenbruchs des Ostblocks immer mehr Menschen ins soziale Netz purzeln läßt sowie c) jener Wohlstand und jene Sicherheit, die Ossis neidisch über die Mauer blicken ließen, in der Bundesrepublik Deutschland immer mehr schwinden.

Dieser Preis der zur Zeit letzten Vereinigung ist hoch. Aber sollte auch die zweite deutsche Demokratie daran zerbrechen – dann gute Nacht, Deutschland.

Literatur und Hinweise

Im Hinblick auf den ärgerlichen Umstand, daß ich das *Kolosseum* (= Mutter aller Fußballstadien) erstmalig sah, als dort schon lange nicht mehr gespielt wurde, bei den *Kreuzzügen* (= reziproke Völkerwanderung) nicht dabei war sowie den Zweiten Weltkrieg nur aus der Maulwurfsperspektive der Luftschutzkeller erlebte, habe ich bei der Arbeit unzählige Publikationen zu Rate gezogen, die zu nennen der Platzmangel – vielfach auch die Höflichkeit – verbietet.

Besonderes Vergnügen haben mir »Die Geschichte des deutschen Volkes« von Dr. David Müller (Berlin, 1887), »Das Ehrenbuch des Deutschen Volkes« von Hans F. Helmolt (Berlin–Leipzig, 1925) bereitet.

In Jürgen Mirows »Geschichte des deutschen Volkes« (Gernsbach, 1990) faszinierte mich immer wieder die Verknüpfung von Kulturgeschichte, Wirtschaftsgeschichte und Politik.

Bernt Engelmanns »Wir Untertanen« (München, Gütersloh, Wien, 1974) habe ich, parallel zu »DDR-Werden und Wachsen« aus dem Zentralinstitut für Geschichte der Akademie der Wissenschaften der DDR (Berlin, 1974), sozusagen in Stereo gelesen.

Eva Carstensen (= z. Zt. Deutsche Schule, Seoul/Korea) überraschte mich immer wieder mit Material, das offenbar nur Historikerinnen aus ihren Verstecken herbeizaubern können.

Eric Busuttil (= z. Zt. Valetta/Malta) erklärte mir überzeugend, daß und weshalb Deutschland den Ersten Weltkrieg wirklich, tatsächlich und absolut zweifelsfrei verloren hat.

Die souveräne Behandlung Deutschlands in der Academic American Encyclopedia schließlich holte mich immer dann zurück ans Ufer, wenn ich befürchtete, in den Details der deutschen Vergangenheit zu ertrinken.
Bei allem Respekt: Aus der Sicht des Auslands erscheint, abgesehen von den beiden Weltkriegen und dem Holocaust, was uns Deutsche bewegte und bewegt, nicht größer und wichtiger als ein Fliegenschiß. Es wäre nicht schlecht, wenn das für alle Zukunft so bliebe – obwohl wir schon wieder die größte Wirtschaftsmacht Europas sind.

Inhalt

TEIL VII:
UNSERE VORFAHREN
IN DER WEIMARER REPUBLIK 199

TEIL VIII:
UNSERE VORFAHREN
IM SOGENANNTEN DRITTEN REICH 213

Die Deutsche Bibliothek – CIP-Einheitsaufnahme

Körner, Wolfgang:
[Endgültige Geschichte der Deutschen]
Körners endgültige Geschichte der Deutschen: Von der Völkerwanderung bis heute / Wolfgang Körner. –
Düsseldorf; Wien; New York; Moskau:
ECON Verl., 1994
ISBN 3-430-15552-5

Lektorat: Christa Maria Schädlich
Gesetzt aus der: Baskerville, Berthold
Satz: Dörlemann-Satz, Lemförde
Papier: Papierfabrik Schleipen GmbH, Bad Dürkheim
Druck und Bindearbeiten: Pustet, Regensburg
Printed in Germany
ISBN 3-430-15552-5